3.11霊性に抱かれて

魂といのちの生かされ方

東北学院大学 震災の記録プロジェクト
金菱 清(ゼミナール)編

新曜社

目次

装幀　大橋一毅（DK）
組版　カガワデザインワークショップ有限会社

文中の断りのない写真は著者の撮影・提供による
（　）の数字は、聞き取り調査の年月日を表す

まえがき――二重の時間を生きるということ

東日本大震災から7年という年月は、ご遺族にとってどのような年月であったのだろう。ひとことでいえば「引き裂かされた」年月ではないだろうか。決して交わらない二重の時間を送っているともいえる。一般的には、時間が経てば解決してくれる問題もあることは確かで、心持ちも楽になっていくように傍目には見える。しかし、ご遺族は表面には出さないだけで、それとは異なる感情を抱き続けていることもあると知った。

幼稚園児の娘さんを津波で亡くしたお母さんの話である。5年ぶりに娘さんの幼稚園の同級の子とそのお母さんに道端で出会い、その子を一目見た衝撃は言葉で言い表せないほどで、人目もはばからず泣きだしてしまった。同級のお子さんは五年経って成長を遂げたいまでは、当時の面影をうっすら残すだけで、思い出そうとしてもまったく実感のわかないものになっていた。そのときに、娘と会えていない期間がこんなにも長いのかと、娘の成長した姿を想像してもかなわないもどかしさで混乱してしまったのである。

私どもは、昨年ひとつの書物『悲愛――あの日のあなたへ手紙をつづる』(新曜社)を刊行し、亡き人に手紙を送るプロジェクトを立ち上げた。そのなかで、手紙を書けなくて悩んでいる人に出会った。

それがこの女性である。

このお母さんは、手紙のプロジェクトに先立って、母親としての想いを愛娘に伝えたいと思い、毎年自ら希望して、曹洞宗のお寺の行事に参加していた。亡き人に手紙を書き、3・11にお焚き上げをして送る行事で、最初の1、2年のうちはなんとか言葉を送り届けたい一心で愛娘への想いを書き綴った。しかし、4、5年と経つうちに、思うように言葉を紡ぐことができなくなっていた。

最初の1、2年は苦しくとも、時が経てば心が休まって書きやすくなる、と普通は考えるかもしれないが、それが逆転していた。2016年には5歳齢を重ねていることになるので、娘が生きていたら11歳になっている。最初の1、2年は愛娘に対してその時の想いを素直に手紙に綴っていた。しかし11歳にもなれば、娘は漢字が普通に読める年齢に達する。そう考えると、震災当時5歳だった愛娘が読めるように「ひらがな」で書くのがよいか、少し大人になった11歳の愛娘に「漢字」で書くべきなのか、そこから迷い始めて苦しくなり、筆を進めることができなくなったのである。

実際に顔を合わせて共に歩んできた時間と、会うことがかなわず共に過ごせていない時間がある。いわば、災害で止められてしまった時間と、生きていればそこから進んだであろう時間、この二つの時間は決して交わることなく、ご遺族に重くのしかかっているのである。

誰しも毎年誕生日がめぐってくる。それは亡くなった人も例外ではない。とくにお子さんを亡くされた遺族は、年齢の本数分のろうそくを立てたケーキとプレゼントを用意する。ところが、亡くなった時点での趣味趣向はわかるが、歳月が経つにしたがって、何を贈ってよいのかわからなくなり、本当にこのプレゼントでいいのかと逡巡するようになる。先の同級の子の成長ぶりに狼狽してしまったのも、この二重の時間がかかわってくる。

「問い」が終わるのではなく、答えのない問いが始まるこの「二重の時間」は私たちに何を突きつけているのだろう？　亡き人との関係は「はい、終わり」ではなく、震災後も亡き人とどのようにつきあい向き合っていくのかという課題が、月日が経るほどに切実になっていくということである。1年目を見れば二重の時間はわずかな差であったので、ひとつのものであった（そう見えた）。ところが5年6年と経つにしたがって、二重の時間の差は大きくなっていく。当事者が初めて向き合うことになった課題とは、震災の「問い」は5年という年月が経過して初めて顔をのぞかせたことになる。復興は生活の問題を終わらせる方向に向かうが、気づかれてもいない問題が始まっている。こうした複雑な遺族の心情は、実は通常のインタビューではなかなか表に出てこない。

いま、被災地では何が見え始めているのだろう。それは内なる目線を通せば、復興のあり方ではない。復興は、止まってしまった時間を再生の道へと誘うことになる。その過程のなかで、死者を置き去りにして、生（者のため）の復興が進められる。それに対して、私たちは霊性の立場をとる。霊性は死者と生者の織りなす時空間である。

この死者と生者の織りなす世界を展開したのは、日本の能楽である。安田登の『異界を旅する能』（ちくま文庫）によれば、能の中心をなすのが幽霊であり、このシテである幽霊による神話的時間を体感して、人生をもう一度リセットできる可能性を指摘している（安田 2011）。能楽師である安田によれば、当初は、脇役のワキである生者の時が優位に立って展開するが、後半になって、立場が逆転し、シテである死者が立ち現れて、ふたつの時の融合が始まる。

安田は、ワキがいる時を「順行する時間」と呼んで、われわれが日常生活で実感する過去から現在、そして未来へと進む。それに対して、シテが操る時を、「遡行《そこう》する時間」と呼んで、現在から過去へと遡《さかのぼ》る営みを生きようとする。これは、「いつかどこか」という未来の措定に対して、「いま、このとき」という形で、過去の人が「今は昔」として現れ、「いま、ここ」に遡行する時間が侵入する。ここでのワキの重要な役割は、無為の為として聞き役に徹することである。ワキは自らが欠如の人間として漂泊することによってこの世とあの世をつなぎ合わせる存在である。そして異界と出会うことによって、人はもう一度「新たな生を生き直す」ことができるのである。

被災地での5年以降とは、この能楽の世界に近いのではないかと感じることがある。本書で紹介するご遺族の方々の実例は、魂の奥底から大切な人を懇願したときに立ち現れる世界観なのである。そして、死者と共に進めていくことができる時間が流れていることを意味する。この世界から肉体が消えてしまった人びとは、過去の時勢に属することになる。ところが、生者がひたすら耳を澄ませて死者の声を聴こうとすると、死者は、過去と現在との境を越え、現在の時間を侵犯し続ける存在となる。霊性という死者と生者のあわいに着目しながら、本書の各章を読んでみると、「今は昔」語りが展開されることだろう。

編　者

第1章
霊が語られないまち
――他者が判断する身内の死と霊性

赤間　由佳

はじめに

宮城県気仙沼市街地での聞き取り調査では、具体的な場所を挙げて、幽霊の存在を語る方と多く出会った。たとえば、津波のあった場所では、幽霊が出るから通行止めになった道があるとか、震災後に再オープンするコンビニ付近で幽霊が出る噂が絶えないために、開店日を遅らせたという話である。あるいは、

「津波のために人が亡くなった場所を車で走行していたとき、肩に『ドン』と何かが乗った感覚をおぼえた。その後もずっと肩に何か乗っている感覚が抜けず、お坊さんに拝んでもらったところ、その感覚は消えた」(16・7・3)

と、実際に霊を身近に体験した話も筆者は耳にした。

本章で論じる気仙沼市唐桑半島では、震災後に幽霊の話を耳にしたことがあるかという問いかけに対し、「聞いたことがない」と多くの人が首を横に振っていた。唐桑は津波によって多くの方が亡くなった地域であり、幽霊の噂があってもおかしくない。本章では、なぜ唐桑で幽霊の話が聞かれないのかを考えていく。

1　霊現象が起こりうる環境

石巻では、タクシードライバーが幽霊に遭遇した体験を語る。2015年度金菱ゼミナールの工藤優花の調査によると、震災後、石巻でタクシードライバーをしていた一人は、ある不思議な体験について次のように語った。

震災から3ヵ月くらいたったある日の深夜、石巻駅周辺で乗客を待っていると、初夏にもかかわらずファー付きのコートを着た30代くらいの女性が乗車してきたという。目的地を尋ねると、「南浜まで」と返答。不審に思い、「南浜はもうほとんど更地ですけど構いませんか？　コートは暑くないですか？」と尋ねたところ、「私は死んだのですか？」と震えた声で尋ねてきたため、驚いたドライバーが「え？」とミラーから後部座席に目をやると、そこには誰も座っていなかった（工藤 2016: 5）。

東日本大震災の津波で亡くなった人がいる地域では、霊現象についての語りは珍しいことではなく、広く人々に受け止められているともいえる。このように、幽霊の話が多くある一方で、被災地のなかで、幽霊の語りがまったくといっていいほど聞かれない地域が存在することが調査から見えてきた。幽霊の語りに地域差が存在する。それはいったいなぜなのだろうか。

はじめに、幽霊の話はどのような状況のもとで聞かれるのか、ということについて考える。亡くなった者か残された者のどちらか、あるいは両方が相手に対して再会を望み、「最後に〇〇してあげたかったなぁ」などの深い後悔の念があると、幽霊を「見た」「感じた」という語りに対して、幽霊の存在自体の真偽はおいて「そうかもしれない」と誰もが共感するのではないか（工藤 2016 への反響）。ついさっきまで元気で生きていた人が、突然の災害により帰らぬ人となってしまったことを、はい、わかりましたと簡単に受け容れられる人はいない。なかなか受け容れられずにいることで、残された者の中に悲しさや「また会いたい」という気持ちが芽生える。

筆者自身も今回の東日本大震災で母方の祖父を亡くした。亡くなったと知らされたのは震災から5日目であったが、それでもしばらくは「生きているのではないか」という想いがあった。母も、一度避難してきたのに自宅に戻ろうとした父に「あの時、もっと力づくでも父を引き留めていればと、何度も何度も自分を責め続けました」と亡き父への手紙に綴っている（金菱編 2017）。死者の側に身をおいて考えてみると、残された者と同じような無念さや再会への想いがあるのではないか。よって、亡くなった者と残された者の両方が死を受け容れられるかどうかが、霊現象につながってくる。お互いの未練や後悔の気持ちから幽霊の語りが生まれるのであれば、この震災によって幽霊の話を多くの人が耳にするのも無理はないだろう。

しかし、同じ津波の被害を経験しているにもかかわらず、なぜ唐桑では幽霊の話を耳にしないのだろうか。

2　唐桑の人々と霊の向き合い方

2.1　唐桑の概要

旧唐桑町は宮城県最北端に位置する半島にある。２００６年3月31日に気仙沼市と合併し、現在では気仙沼市唐桑となっている。したがって、気仙沼とは一緒の地域ではあるが、半島という地理的な意味で「独立国」であるといえなくもないだろう。

唐桑は昔から漁業、なかでも遠洋漁業が盛んな地域であり、「漁師が中心のまち」といっても過言ではない。唐桑での聞き取りによれば、１９３０年頃は、唐桑で育つ男性の8割は、中学卒業後、漁師になるのが当たり前とされていた。女性は気仙沼にある軍需工場や製糸工場で働いていた。結婚もほとんどが唐桑の人同士であった。遠洋漁業は8ヵ月～1年半近く外洋に出るため、たとえ新婚であっても離れて暮らさざるを得なかった。その間、女性は寂しい気持ちを持ちつつも、夫の無事を願い、大漁を祈願した。

唐桑で民宿を営む加藤宣夫さんは、「死出の旅路に出るっていうそういう覚悟で、出漁していた。帰ってくると、大変なお金になって（家庭を）支えた」と語る（16・10・19）。遠洋漁業は危険を伴うが、その分一回の仕事で得る報酬は格段に高い。よって、裕福な家庭が多かった。このような背景から、唐桑には瓦と屋根の傾きに特徴がある「唐桑御殿」（写真１・１）と呼ばれる重厚な屋敷が至

写真 1.1　唐桑御殿

現在も唐桑の人々が居住する。隣家とも廊下でつながっている（気仙沼市唐桑町馬場 2017. 9. 14）

る所に存在する。家屋は大きく、部屋数も多い。なかには、遠洋漁業に行った先で購入した高級な船来品が飾られている家も多くある。

さらに、一つの町であったことに加えて半島という地形もあり、周辺地域から隔絶している。そのため、多くの人は唐桑の中だけで生活を送っている。以上のことから、この地域には他とはどこか違う独特な文化が存在しているといえる。幽霊の話が聞かれないのは、他地域にはない独特な文化が存在するからなのだろうか。

2.2 海で亡くなった人の供養

唐桑で暮らす伊藤美江子さんは、11年3月11日、年に1回の家族旅行で仙台に一泊した帰途に車ごと津波に呑まれた。孫を抱いた美江子さんは車の窓から脱出し漂流した後、ただひとり助かった。

「津波は、こんな(東日本大震災くらい)大きいのは私が聞いただけでも明治、昭和と、あ、その間にあとは昭和8年の後にはチリ地震ってのもあったべからね」。

「あたしの場合は、遺体がすぐ見つかったでしょ。受け容れざるを得ないのよ」。

「ほんとに昔はあったのよ。船の遭難で亡くなった人たちでなんにも(ご遺体が)上がってない人たちが結構ここらへんにもいるのよ。…(中略)…本当に(震災の)あと、(家族)5人の遺体見たときは…(言葉に詰まる)…本当にもう……それこそ誰かと一緒に見たんじゃなくてわたし一人だけでの確認でしょ。ほんとうに、えー、これで認めざるを得ないんだろうなって感じだったね。でも本当にその通りだからね」。

「そういう運命だったんだろうなってのは、うん。まあそうなんだよねえ。それしかない。本当にもう。だから、生と死ってのは紙一重でしょ。生と死はほんとに紙一重だから」（16・11・1伊藤美江子さん）。

東日本大震災の津波は千年に一度の規模といわれているが、唐桑の人々は海難事故や津波を何度も経験してきた。陸（オカ）に住む私たちにとっては、ほとんどの人が東日本大震災のような震災を経験するのは初めてであるが、唐桑の人々にとっては初めてではなかった。よって、突然訪れる死との向き合い方や供養の方法を知っていたといえる。それは唐桑に住む多くの人にとって、つらいときの心の支えになっていた。

Mさん（仮名）は22歳当時、漁師であったお兄さんを海難事故で亡くされた。

「うちの兄貴は26歳で海難事故でそのまま帰ってこなくて。22名だか行ったんだけどね。そのまま……遭難したんだかね。……（中略）…海難事故ってのは一番怖かったねぇ。身内っちゅうより自分の兄弟がいなくなるんだからさぁ。つらいんだねぇ」

「やっぱその亡くなった人も生きている人も考えは同じで、…（中略）…唐桑でやる合同慰霊祭は必ずみんな海難事故で亡くなった人達はほとんど参加してるよね。今でもね。……生きてる人たちの宿命なんだね。死んだ人もそれを待っててんでねぇかって」(16・10・19)。

残された側は亡き相手を想い供養を行っている。それは、どのような供養だったのだろうか。

唐桑では、昔から海難事故死が多かったため、1966(昭和41)年に「海之殉難者慰霊塔」を建立し、主に海難事故で亡くなった人を供養してきた。そして「海の殉難者慰霊碑保存会」という団体がこれを守り続けてきたが、1997(平成9)年には「海之殉難者慰霊碑」(写真1・2)も建てられた。慰霊碑を建てる際に、海難事故で亡くなった人をはじめ、過去の津波で犠牲になった人の名前をすべて調べ、過去帳にその名前を書き連ね、慰霊碑の中に納められている。

晦日盆である8月30日に毎年行われる慰霊祭には、400人を超える人が訪れ、慰霊碑に手を合わ

写真 1.2　海之殉難者慰霊碑
慰霊碑のそばに鎮魂の言葉を刻んだ石碑がある
(海の殉難者慰霊碑保存会,平成9年8月.唐桑町 2017.9.14)

せる。震災後は慰霊祭に訪れる人が増えた。また日常的に、そこを通った際に手を合わせていく人も増えた。震災から3年目の2014年3月11日には僧侶を呼び、100名弱の参列者とともに、慰霊碑前で大きな鐘をついて供養が執り行われた。もともとは遠洋漁業に伴い海難事故死が多いために根づいた死者供養の儀礼であるが、同じく「海で亡くなった」ことから津波で亡くなった方も一緒に供養していることが大きな特徴であるといえる。ほかにも独特な死者供養が存在する。

2.3 霊を「受け容れる」

昔は、漁をしている最中に、海に浮かんでいる遺体を見つけることがあった。遺体を見つけたら必ず引き上げることがしきたりであった。引き上げる際は手順や細かい決まりが地域ごとに存在していた。東北歴史資料館の資料によると、気仙沼市四ヶ浜[1]の人々は、水死者の遺体を家屋の中に入れず、外にムシロと呼ばれる藁を編んでつくった敷物を敷き、その上に遺体を置いて葬式を執り行う。葬式は、死者の氏名が判明しているかいないかにかかわらず、その遺体を引き上げた者が「喪主」になって執り行い、船主の家の墓のそばに無縁仏として埋める（東北歴史資料館編 1995: 99）。「喪主」は通常であれば亡くなった人の家族や親族であるが、この町では遺体を引き上げた者、いわば「他者」が見送るといえるだろう。

「出漁して、水死体を発見すると、見逃さず必ず引き上げるべきものとされている。これはこのへんではもう、そうですよね。仏様っていう。そうすることによって、その船に運が向き、大漁になる…船に引き上げる際、面舵回しといって右側から回して、水死体を必ず右舷側、右側の舷《げん》から、上げるんです。どこの仏かわからないが、見つけたから俺に運を授けろよと、声をかけ、船の甲板に上げると。篭場《かごば》っていうんですけどね。…長いたての板子《いたご》が敷いてあり、その上に乗せると。またこの場所に乗せるのは、船魂様《ふなだま》、船の神様は艫《とも》を向いているので、その背に当たるようにするためである。引き上げるとき、衣服にかけて引き寄せる。体に傷をつけないようにね。水死者の葬式には遺体を家屋の中に入れず、外にむしろを敷き、その上で葬式を出すと」（16・10・19加藤宣夫さん、同資料による）

浜に住む人々は、人が亡くなった際や遺体に対面した際、船中のしきたりや昔から言い伝えられてきた風習を長い間守ってきた。ずっと昔から続いてきた伝統を自分で途切れさせるわけにはいかない、と守り続けてきたのだろう。重要なのはしきたりの意味よりも、遺体を見つけたときに、昔からある伝統的な方法を自分たちが活かすことで〝安心できる〟という気持ちが強く働く点である。しきたりに従うことにより、目に見えない死者の魂を鎮めるよう「うまくつき合って」いたのである。

気仙沼市生まれの千葉一さんは、海と生きることについて

「まだ帰らぬ父や兄弟・息子そして友、遭難者が広大な海のどこかで海神（ワタツミ）と共に暮ら

しているとする悲愴な願い。この大切な海に、愛する者たちに思いを込めて盆舟をつくり、浜の渚から『また来年、来てくれよ』と呟きながら送り出した。私たちはその祈りの海に生かされている。南の海から回遊するマグロやカツオ、海の彼方に暮らす死者たちが毎年贈ってくれる賜物を、私たちは受け取ってきた」(千葉 2014: 140)

と記す。いわば、海からの恵みをあふれんばかりに受けていることを、沿岸部に住んでいた人々はよくよく理解していた。よって、ときには人の命を奪うことがある海であるが、その豊かさも余すことなく受け容れてきたのである。「私たちはその祈りの海に生かされている」という表現があるが、これはまさに海の怖さと向き合いつつ、豊かさを存分に受け容れているからこそ湧き出る、海への感謝の表現といえる。

唐桑で震災後に幽霊の語りが聞かれない背景には、死者を怖い存在として逃げずに向き合い、さまざまな手段で御霊を鎮め、海の豊かさを受け容れてきた文化があると考えられる。

2.4 霊をあらゆる方法で「供養する」

半島である唐桑は、多くの地域が海に面している。漁業が盛んであり、昔から人々と海の間には密接な結びつきがあった。しかし海は、人々に恵みを与えているだけではなく、ときに荒れて最悪の場合、人の命を奪う場所ともなり得る。今回の津波を経験するずっと以前から、唐桑の人々はそれを理解した上で暮らしてきた。

「猛霊《もうれん》っていう言葉があるんです。……これは海で亡くなった人の霊が船とか海で仕事している人達の前に突然現れて来る霊を猛霊という風に呼んでいたんです。転落事故なんか起こして亡くなるとき、もうれんに呼ばれたとか、もうれんに襲われたとか。で、あと、子どもたちがぐずって泣き止まないときは、もうれんが来るよって。そういうその、昔からの言い伝えがあるんですよ。……で、海と霊魂ってやつは、非常に古くからこの地域でも語り継がれてきて、いろいろ船で沖に出て仕事するときは、忌明けとか忌みっていうこだわりがあって、さまざまな船の中でのしきたり、風習、天候にまつわるいろいろな、昔から言われてきていることをかたくなに守ってきた風潮っていうかね、海の地域で生きてきた人たちの（しきたり）がやっぱりあって、その一部は今でも、特に海で亡くなった人がいると、それを清めて、そして海に出て行って仕事をする。ということなんですね」

「そうだなぁ。今から40年位前。船にエンジンがついたり、レーダーがついたりして、もう危ないところを渡らない、走らない。走っても、すぐ情報がレーダーでキャッチされて、台風が来るとか低気圧が来るとかがわかって避難してしまうでしょ。そういう時代になってきたから、昭和の40～50年になって…日本の漁船が近代化されて、沖合に船が出漁するようになってからはあまりその（もうれんの）話は聞かない。手漕ぎ時代の話だね」（16・10・19加藤宣夫さん）

自分の生活の一部である海で人が亡くなれば、恐怖心や警戒心を感じてしまうのは当然のことであろう。そんなとき、次のように独特の方法で供養することが人々の心を慰めてきたのである。

亡くなった人が打ち上げられた浜、あるいは亡くなった人が出入りした浜は穢れていると考えられ、御施餓鬼供養《おせがきくよう》と浦祓い（以下、ウラバライ）という二つの供養を行うまでは、たとえ漁をするためであっても海に出ることができない。御施餓鬼供養とウラバライの二つはセットで行われる。

御施餓鬼供養では、ハマに御施餓鬼棚と呼ばれる祭壇を組む。この御施餓鬼棚へ向かって、寺の住職による読経が行われ、人々の供養の参列が続く（川島 2012）。そのあとは、ウラバライによって、神社の宮司が死者をいったんハマに呼び戻してから、海の向こうへと送る。ウラバライはハマのケガレを祓うという意味合いで行われる。

寺の住職が取り仕切る御施餓鬼供養と、神社の宮司が取り仕切るウラバライの双方が執り行われることで、初めてハマはケガレが祓われ、海は再び生業の場としての漁場へと戻される（植田 2016）。

さらに、これらの供養や葬式には、漁業に携わる家族や親族だけで執り行うのではなく、亡くなった人に関係のある人々が多く参列する。その理由は、唐桑では海難事故死が多かったため、漁師やその家族には「一歩間違えれば自分、家族が亡くなっていたかもしれない」という危機意識が強いからである。唐桑では、こうした昔からの風習が今も根強くあって、人々の心には「立場が違えばいつ自分が死ぬかわからない」という想いがある。よって、漁業者はもちろん、そうではない人も、亡くなった人を見送る儀礼に参列した。また、このときの供物や読経は、直近の海難事故で亡くなった人だけではなく、それ以前の海難事故で命を落とした人々に対しても捧げられる。

こうした供養は、死者だけでなく遺族も慰めるしくみとして存在したのである。昔と比べ、海難事故がかなり少なくなった現在でも、海で亡くなった人がいたら御施餓鬼供養とウラバライは執り行われている。津波が襲うたびに儀礼に則った供養は行われた。社会学者の植田今日子によると、東日本大震災の際も、津波（海からの水が原因）で亡くなった人々のために、御施餓鬼供養とウラバライが行われた。ただ二つとも従来と少し違った形で執り行われたという。お施餓鬼供養もウラバライも、本来であれば遺体が上がった浜で行うものであるが、震災では場所を特定できないため、お寺で御施餓鬼供養を行った。ウラバライも遺体の上がった浜がとても多かったため、一ヵ所の浜でまとめてお祓いをした（植田 2016:183-187）。

死者供養は、葬式以外に幾重にも行われる。一般に亡くなった日から本七日までの間に葬式を行う。つまり、葬式の後に本七日を迎えるのだが、葬式から本七日までの間、亡くなった人の親族は毎日墓に行って手を合わせる。そして、本七日を迎えてから四十九日までの間には二七日、三七日と呼ばれる七日ごとの区切りの日に、親族は墓に行って手を合わせる。このような供養は現在簡略化され、なくなっているところが多い。しかし唐桑では今も伝統として残っており、震災後も行われていた。墓を常にきれいにして、亡くなった人々の魂を守っている。

以上のことから、唐桑では未曾有の大震災においても、従来のやり方とほとんど変わらない形で死者を供養してきた。ただ、こうした供養法は他の地域にも見られるために、唐桑で幽霊の語りが聞かれないことと関連があるとはいえないだろう。換言すれば、幽霊の話が聞かれない背景には、唐桑独自の文化が関係していると考えられる。

3　他者が決める身内の死

3.1　死をどのようにして受け容れているのか

そもそも、本章では幽霊の語りが聞かれる理由を、「残された者が身近な人の死を受け容れることに時間がかかってしまうため」という前提のもとで述べてきた。たしかに、災害や事故で肉親が突然いなくなってしまったら、すぐにその死を受け容れることができないのは当然である。死者の側はどうだろうか。死者の想いを確かめることはできないが、おそらく同様であろうと仮定してみよう。

当初は、突然の死を受け容れられない人々の想いがあって霊現象が生まれるという仮説のもとに「被災地で幽霊の話が聞かれる」という調査を行おうとした。しかし、その予想を裏切って唐桑では霊現象の話は聞かれない。被災地では、津波の死者と残された者の双方に、死を受け容れがたい強い想いがあると仮定されるのに対して、唐桑では死を受容しやすい何らかのしくみが存在するのではないだろうか。それはいったい何なのだろうか。

3.2 「残された側」が死を受け容れる文化的しくみ

まず、残された者が死を受け容れるしくみについて考える。唐桑では、近隣地域とは違う独自の文化が昔から存在していた。唐桑で長い間漁師をしてきた小山利喜男さんは語る。

「亡くなって、見つからないよというのは最後の最後だけども、(転落の場合)転落したらすぐに、(転落した人の家族に)電報を送るの。ほかの船も3日くらいは一緒に探してくれるんだけど、それでも見つからなかったら『あとは私たちでやりますから』っていう。転落死した船の人たちでも、(探すのは)長くて一週間でしょうね。漁労長になった人が、船長とか幹部と相談して、一週間も探したけどもう出てこないからあきらめましょう、ということで捜索を打ち切って、漁の操業に戻る」(16・7・12小山利喜男さん)。

1960年代(昭和30～40年)以前の漁業では、現在のように鉄製の船ではなく木造船(写真1・3)で操業していた。また、天気予報が発達していない時代には、荒天時の海難事故が非常に多かった。海難事故が起こると、約一週間は同じ船の人たちが行方不明者を捜すが、それでも見つからない場合は捜索を打ち切る。その際に、事故に遭った人が「見つからない」ために「亡くなった」と最終的に判断するのは、漁場で指示を出す、船の中で最も偉い立場である漁労長である。つまり、行方不明で遺体が上がらない状態で、身内以外の「他者」が死を判断するのである。

遺体が見つからない場合、残された者が死を受け容れるのに時間が必要であり、すぐには難しいだろう。しかし遺族は、漁労長の判断に従ってそのつらい事実を認め、受け容れてきた歴史がある。

3.3 唐桑における「漁労長」という存在

「漁労長ってのは一種のカリスマ性がないとダメみたいだからね。同じ船に乗ってる船長とか機関長とかいるんだけど、その人たちとはまた違う。なんか本当に一種独特なんだよね」（16・11・1伊藤美江子さん）。

「漁労長っていうのは、漁場さいって自分の魚とる場所で……指揮を取る。船頭は漁労長と同じ意味。……船頭は一番のトップで、次は船長、そのあとは機関長、局長といるわけだ」（16・10・19Mさん）。

写真 1.3　昔使われていた木造船
（唐桑町馬場 2017. 9. 14）

昔から漁業で生活してきた人が多数を占める唐桑では、地域での立場がピラミッドのように序列化している。その一番上にいるのが漁労長で、遠洋漁業が生業である地域では中核的存在である。漁場だけではなく、社会構造のしくみにおいても漁労長はトップのポジションにいるのである。

死が身近にある漁業を生活の基盤とする唐桑の人々にとって、漁労長の判断は絶対であり、生きていくうえで漁労長の存在が必要不可欠である。なぜ身内以外の他者が生死の判断をするのだろうか、という疑問への答えがここにある。

漁労長はまた、唐桑において独自の「住民組織」をつくってきた存在でもある。社会学者の長谷川昭彦によると、住民組織とは「単に現在の特定の社会問題を解決するための一時的組織ではなくて、永続的に居住しようとする住民の要求を持続的に汲み上げ、解決し、実現するための恒常的な組織とならなければならない」（長谷川 1997: 235）ものである。

昔から海難事故が多かった唐桑で、死を目の当たりにしてもそれを乗り越えられるような住民組織をつくってきたのが漁労長という存在である。最もつらい「身内の死」を受け容れる手助けをしていたことから、家族同然の存在であったのだろう。

地域社会に独自の社会構造が存在することで、漁労長は船にまつわるのみならず、地域においてもあらゆる決定権を持ち、ほかの人はそれを受け容れるのが当たり前というしくみができ上がっていた。漁師間だけでなく「地域全体で認められたポジション」にある人の判断だからこそ、漁師の家族も受け容れることができた。つまり、漁業のまちならではの特別な社会的立場である人が、死の判断を握っていたのである。

これは、漁師町に住んでいない私たちには想像しがたく、自分の身内の生死を自分の目で確かめる前に他人が決定するのは、納得しがたいと思っても当然である。しかし、唐桑の人にとっては、家族の生死の判断を身内だけで決めない文化があることで、結果的に未練を軽減することにつながる。

以上のように、早い段階で死を受け容れることは、亡くなった人を未練なくあの世に送り出し、残された者たちは再び生活に戻って頑張ることにつながるのである。いわば、生きている側がけじめをつけることだといえるだろう。

残された者は、亡くなった者との間で早く線引きすることで、幽霊の話をする必要がなくなったとも考えられる。特別な社会的存在である他者が死を判断することは、けじめに影響を与えているのである。Mさんが語るように

「結局死体でもなんでも、上がればね、諦めがつくんだけれども、行方不明ってのはもしかして生きてるんじゃないかと思うんだよね。何年たっても。何か完全に、この人は亡くなって事故でしたってわかればいいんだけれどね。ただ想像以外にない。行方不明は」(お兄さんに対する思いへの質問に対して)「あのくらい寂しいことはないよな。その当時のことは寂しくてしょうがねえのさ。今はもう、諦めてしまうほかないんだねえ。そして供養してるわけだ」(16・10・19Mさん)。

Mさんは海難事故でお兄さんが亡くなってから、お兄さんと同時に亡くなった計22人を弔う合同慰霊祭に参列した。また毎年1回行われている海の殉難者慰霊祭にも欠かさず参列し、当時行われた御施餓鬼供養やウラバライにも足を運んでいる。「(亡くなった魂を) われわれが、家族で守ってるわけ

だ」とMさんは語る。

Mさんの語りから、どんなに海難事故が多かった唐桑であっても行方不明の身内の死は諦めきれないものであることがわかる。しかしその一方で、「まず、生活かかってっから」と言うように簡単に職を変えることができなかった時代であるため、一度船に乗れば、「怖い」「諦められない」という気持ちを持ちつつも、船に乗るほかはない。そんな生活の中で、気持ちは自然に変化していくのだという。

3.4 他者が死を決定する理由

唐桑独自の文化の中に、死を受け容れやすい何かが存在しているように感じる。他者が死を決定することで、なぜそれを受け容れられるのか。

唐桑では、本来、自分自身が線引きをするはずである身内の死を、他者がかかわることで受け入れてきた。つまり、他者に意思決定を手助けしてもらってきたといえるだろう。法学者の平野武によると、本来自己決定は「自己に関することがらについて自らの責任において他人の干渉を受けずに決定して行動すること」（平野 1998: 55）と定義される。自己決定とは文字通り自分で決めることなのだから、他者の干渉を受けないのは当然である。しかし唐桑では他者の干渉を受けてこそ、意思決定できていた。それはなぜなのだろうか。

保健医療学者である中山和弘と岩本貴は、自らの意思で決定した際に生じる葛藤やジレンマの理由を7つ上げている（中山・岩本 2011）[2]。その中で、身内の死を決定する場合にジレンマが起きやすい項目についてピックアップする。

まず、「②ある選択肢に過大・過小な期待をかけている」を見てみよう。たとえば、一般的な被災地にあてはまるパターンとして、突然大切な人が亡くなった際、「まだどこかで生きているのではないか」という選択肢に過大な期待をしてしまう。そのことによって、死を受け容れられなくなってしまうと考える。しかし唐桑では亡くなった人に対して「後に残った人は頑張るからね、諦めてお眠りくださいという想いを持つという（16・7・12小山利喜男さん）。供養を欠かさず行うことで、身内の死を受け容れることができる。

また「④周囲の人の価値や意見がよくわからない」は、死を判断する他者＝漁労長は信頼が厚く、社会的にも認められたポジションの人であるため、その意見には納得することができるだろう。

このように、唐桑では意思決定の際に起こるジレンマを自然と打ち消すしくみがあった。これが、唐桑で幽霊の語りが聞かれない一番の要因ではないだろうか。霊性を重んじる文化や風習と「他者が死を判断するしくみ」をうまく作用させていたのだろう。よい意味での他者の干渉が、円滑に意思決定を行えるように促していたのだ。

3.5 「亡くなった人」が死を受け容れられる文化

唐桑に住んでいる人々の多くは漁業に携わっていたため、昔からずっと海難事故と背中合わせの生活を送ってきた。民俗学者である高桑守史は、海上での労働について「絶えず、生命とひきかえの危険にさらされた荒事であった。いったん海上に出れば、必ず生きて再び陸に戻ってこられるという保証のない危機感が常にあり、自らの運命を、超自然的にゆだねてしまうことが多かった」（高桑 1994:397）と述べている。そういったことが当たり前の生活の中で、人々はいつも「死」を心のどこかで意識していたといえるだろう。

漁師だった当時のことを思い出しながらMさんは語った。

「しけになってくると神様を拝むよりほかないからね。口さ出さなくても心の中でみなそう思ってるんだよね。死にたくねえし。こんなとこで死にたくねえって。そんなことは何回もね、船乗りみな経験してんだよ。それでも無事帰ってくる人もあるし、帰ってこられない人もあるしね。……この船乗りっつうのはね、大変なんだ。命をかけてるようなもんだからさ。……食事の時、あれ、誰か一人来ねえぞってなると、いつから海に降りた（＝転落した）のかわかんねぇわけさ。それからすぐに捜索するんだよ。……（中略）……そこで泳いで助かったってのは1人、2人しか聞いたことないねえ。最初から海さ降りようと思って降りるわけでねえからさ、間違ってぽんと降りてしまって、船がぐっと揺れたわけ。それで朝になって、夜はみんな寝てるから。朝になって、ご飯の時に起きてこねかったら、なんだ、いねぇど、となって。そういう船がいっぺぇあったよ」（16・10・19Mさん）。

先に引用した伊藤さんの「生と死は紙一重でしょ。ほかの地区よりは（死が）近いと思うよ」との語りからも、漁師は「もしかしたらもう家族に会えないのではないか」という気持ちで漁に出ていたとわかる。また、漁師の家族も「船が出航する＝死と背中合わせ」という覚悟がにじみ出ることがある。漁業をおもな生業としてきた唐桑の人々にとって、死による突然の別れは心のどこかで覚悟していなければならないものであった。突然死が訪れたとしても、亡くなった人も遺された人も「突然の別れ」にはならない。唐桑には、死者が日常に溶け込む文化が根づいていた。

その中で、漁師たちは「生きて帰ってくる決意」を持って漁に出ている。船が出航する前には、唐桑にある御崎神社で安全航海を祈願し、「自分たちは必ず生きて帰ってくる」と心に誓っていた。帰ってきた際も参拝して「無事に帰ってきたよ」と報告する。Mさんの「俺たちはその状態（生きている状態）で帰ってくるのが当たり前にしてっからさ」という語りからも、その決意が感じられる（16・10・19Mさん）。

4　霊性が支える「立ち直る力」

唐桑で「他者が亡くなった者の死を決定づける」というとき、地域で認められたポジションにある漁労長の判断とはいえ、やはり当事者以外の他者が死を判断することには、どこか不自然さを感じる。しかし、「死を受け容れるタイミングは、残された自分自身」が決めるのであれば、身内の死を自分のペースで受け容れなければならない。反対に「生死の判断をするのは他者」である唐桑では、その判断に後押しされて死を受け容れることができる。

視点を変えて考えれば、突然の死に対面したときも、残された者が頑張って生活していこう、という前向きな考えに早めにシフトすることができる。このような考えは、ほかの地域にはない「他者が死を判断する」ことから生まれた、唐桑の人々の「立ち直る力」につながっている。

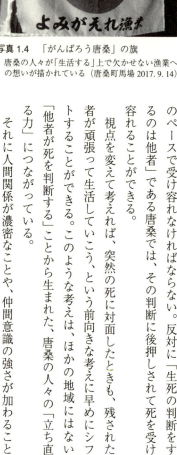

それに人間関係が濃密なことや、仲間意識の強さが加わることで、地域全体で「立ち直る力」が昔から養われていたのではないだろうか（写真1・4）。このような観点から「他者が死を判断する」ことは、残された人々が強く生きていくために霊性の力が支えてくれるとも考えられる。

写真 1.4　「がんばろう唐桑」の旗
唐桑の人々が「生活する」上で欠かせない漁業への想いが描かれている（唐桑町馬場 2017. 9. 14）

おわりに

唐桑で霊の語りが聞かれない文化のしくみを、地元で暮らす人々の語りを手がかりに論じてきた。

震災の遺族が亡き人を身近に感じる霊性は、東日本大震災の被災地であればどの地域にもあり、唐桑にも備わっている。しかし、その上に、別の要因が覆いかぶさっているため、結果として幽霊の話を耳にしないのだろうと筆者は考える[3]。

その要因は二つあった。一つは、唐桑の人々には「死と背中合わせ」という想いが常にあり、海難事故が多かった時代から海で亡くなった人の供養を伝統としてずっと大切にし続けてきた。もう一つは、生業の漁業で育まれた特別な存在である「他者（＝漁労長）」が死を判断することで、残された人も（仮説ではあるが亡くなった人も）死を受け容れやすいしくみがあったことが挙げられる。特に後者は唐桑独自の文化を醸成しており、特別な存在である漁労長が先頭に立ち、住民組織を形づくってきたことにより、被災地のなかで霊が語られない、すなわち死を受け容れやすい地域性を生んだ。漁労長が中心となり、独自の住民組織を形成してきた唐桑であるが、生活を第一に考えたうえでの選択や行動が、霊が語られない結果に結びつくことになった。

人間は誰でも、深い悲しみや喪失感を感じる瞬間がある。そのときにどのように生死を線引きし、切り替えていけばよいのか。そのタイミングや想いは人によって異なる。唐桑の人々はその瞬間を共有し、地域全体で乗り越えるしくみを培ってきた。唐桑の社会は、「住民組織」本来のあり方が機能することにより、霊が語られないという独自性を示しているといえるだろう。

注

1　四ヶ浜とは、大浦・小々汐・梶ヶ浦・鶴ヶ浦の4つの集落の総称である。

2　自らの意思で決定する際に葛藤やジレンマが生じる7つの理由は、「①選択肢についての知識・情報の不足、②ある選択肢に過大・過小な期待をかけている、③価値観がはっきりしない、④周囲の人の価値や意見がよくわからない、⑤ある1つの選択肢に対する周囲のプレッシャーがある、⑥自分の選択を聞いてくれたり認めてくれる人がいない、⑦これらの障害を乗り越えるスキルや支援がない」と示されている（中山・岩本 2011: 35）。

3　東日本大震災より65年ほど前に、ヒロシマに原子爆弾が落とされ、約14万人が命を落とした。これほど多くの人が亡くなっているにもかかわらず、ヒロシマでは唐桑同様、幽霊が出ないといわれる。『ヒロシマ・ノワール』を著した東琢磨によると、ヒロシマで幽霊が出ない理由は、「平和を考える上での現実的といわれる、あるいは政治的といわれるものだけの必要性が、突出してしまっている」（東 2014: 95）とされている。唐桑と比較してみると、同じ原理がはたらいているといえるかもしれない。唐桑に住む人々は、昔から生活を第一にしており、何があっても生きなくてはならないという想いが一段と強かった。よって、ヒロシマでいう「現実的」なものとは、唐桑では生活にあたり、それが突出しているために、幽霊が出ないというよりも「見えない」のではないかと考えることもできる。

参考文献

千葉一 2014「海浜のあわい―巨大防潮堤建設に反対する個人的理由」東北学院大学『震災学 vol.4』: 135-143.
中山和弘・岩本貴 2011『患者中心の意思決定支援――納得して決めるためのケア』中央法規出版
長谷川昭彦 1997『近代化の中の村落――農村社会の生活構造と集団組織』日本経済評論社
東琢磨 2014『ヒロシマ・ノワール』インパクト出版会
平野武 1998『生命をめぐる法、倫理、政策』晃洋書房
金菱清編 2017『悲愛――あの日のあなたへ手紙をつづる』新曜社: 138-143.
川島秀一 2012「津波と海の民俗―宮城県気仙沼市唐桑町の伝承文化から」東北学院大学『震災学 vol.1』216-226.
工藤優花 2016「死者たちが通う街―タクシードライバーの幽霊現象」金菱清編『呼び覚まされる霊性の震災学――3・11生と死のはざまで』新曜社: 1-23.
高桑守史 1994『日本漁民社会論考――民俗学的研究』未來社
東北歴史資料館編 1995「三陸沿岸の漁村と漁業習俗」『日本民族調査報告書集成　北海道・東北の民俗 岩手県編』: 99.
内田樹・釈徹宗 2010『現代霊性論』講談社
植田今日子 2012「なぜ被災者が津波常襲地へと帰るのか―気仙沼市唐桑町の海難史のなかの津波」環境社会学会『環境社会学研究』18: 60-81.

植田今日子2016『存続の岐路に立つむら――ダム・災害・限界集落の先に』昭和堂

参考資料

環境省「地域の伝統文化　調査対象地域における伝統文化について」
http://www.env.go.jp/jishin/park-sanriku/images/10-11.pdf（2017. 1. 21取得）
広島市公式ＨＰ http://www.city.hiroshima.lg.jp/（2016.12.25取得）

第2章
無力と弱さを自覚した宗教者の問いかけ
――遺族の心に寄り添う僧侶

吉成　勇樹

雨の中、仮埋葬地で読経する僧侶
宮城県石巻市（2011.6.11撮影　毎日新聞社提供）

はじめに

未曾有の大災害であった東日本大震災を契機に、宗教者の考え方が変化し始めている。震災が起きたのち、「宗教者として何ができるのか」を問いながら、慰霊・供養・傾聴などを行ってきた。震災による津波によって数多くの死者・行方不明者が生じて、火葬できないご遺体は土葬され、嘆き悲しむご遺族がいた。被災した人々の大きな喪失感の中で、宗教者はいったいどのような信念をもって活動を行っていたのだろうか。

本章では、実際に震災の被害に遭い、一般の人と同じように避難所生活をしていた被災者でありながら現地で多くの活動を行ってきた宗教者から聞き取り調査を行い、震災時だからこそ見られた、宗教者にしかできなかった貢献とは何かを、考えていきたい。

1　宗教者とは

1.1　震災時の宗教者の役割

本来、宗教者の役割とは何だろうか。一般的に宗教者とは「宗教に深く通じた人。また、牧師・僧侶のように布教に従事する人」である。それらに加えて、実際には僧侶であれば葬儀や法事でお経を唱えたり、神父であれば礼拝を行うなど、その活動は多種多様である。

しかし宗教・宗派は異なっても根底にある共通した課題は「人を救う」ということにある。どの宗教者もそれは変わらないだろう。そして共通しているのは「宗教を通して人を導く」ことではないだろうか。

宗教の社会貢献について、宗教社会学者の稲場圭信は「宗教者、宗教団体、あるいは宗教と関連する文化や思想などが、社会の様々な領域における問題の解決に寄与したり、人々の生活の質の維持・向上に寄与したりすること」（稲場 2013: 22）と定義している。宗教が人々の心に安心を与え、人と人のつながりをつくっていくのである。

震災時、宗教者はどのような活動をしていたのだろうか。宗教者は葬儀や埋葬時の読経のみならず、がれき撤去・炊き出し・慰霊供養・傾聴というさまざまな活動をしていた。

仏教界では全日本仏教協会が組織力を生かして総額55億8041万3889円もの募金を集めたり、宗派ごとに岩手・福島・宮城に救援物資を搬送するとともに、各教区に災害対策本部の設置を行っていた（藤森 2013）。

神社界では多くの神職が被災地に駆けつけ、物資支援や炊き出しなどの救援活動を行い、被災した神社を整備し、祭りを復活させ、犠牲者の慰霊供養とともに、地域の再生・復興を祈る動きが見られた（黒崎 2013）。

キリスト教界ではカトリックのカリタスジャパンが震災翌日に募金受付を開始、また被災地にボランティアベースを設置するとともに、そこを被災地の人々に寄り添う場となるように活用していた

（高橋 2013）。稲場は宗教者の大きな支援活動について、震災時に寺社・教会・宗教施設には広い空間や備蓄食料などの「資源力」、檀家・氏子・信者による助け合いが可能な「人的力」、祈りによって人々の心に安寧を与える「宗教力」があったために可能になったとしている（稲場 2013）。

宗教者がみな「宗教者としての本分」を果たすべく尽力したのである。6年を経た現在でも月命日に亡くなった方の慰霊を行い、仮設住宅に住む被災者の声を聴き心の支えとなることで、地域の復興を支えている。

宗教者のさまざまな支援や慰霊の活動に対して、被災者は何を求めたのだろうか。一番大きいのはやはり、亡くなった方のご遺体を前にした「慰霊と供養」であろう。災害死は突発的であり、突然の死を迎えてしまった人たちに対して、生き残った人たちはせめて丁寧な弔いをすることを望んだのである。宗教のケアの優位性について宗教学者の大村哲夫は

「臨床心理士のケアは生者を対象とするのに対して、臨床宗教師や宗教者は生者の他に、慰霊や追悼など宗教的ケアによって死者そのものをケアし、また死者のケアを通して生者の悲嘆のケアを行うことができる」（大村 2014: 14）

と述べ、宗教者の供養は肉親を突然奪われた悲しみからの心の回復につながりやすいことを明らかにしている。

1.2　霊現象への宗教者の対応

僧侶の白石凌海は自らの著書で次のように述べている。

「今回の（仏教者に対する）調査を初めてみて興味深かったことの一つが、『あなたの所属する宗教・宗派・教派では〈霊的な現象・体験〉をどのように考えていますか』という問いに対する答えである。…（中略）…宗派では『特に決まってない』というタイプの解答が非常に多かった。すなわち、素人の考えで、宗教者は霊の問題の〈プロ〉なので、この種の問題を相談に行けば何らかの処方箋が用意されていると思ってしまいがちであるが、現実はそうではないということである」（白石 2017: 156）。

筆者自身もこれまでの聞き取り調査の中で、被災地で起こる霊現象について、宗教者に話を聞いたことがあるが、「肯定するわけではないが否定はしない」とか、被災者の霊現象の相談についても「その人が求めていることをしてあげる」という回答が得られている。宗教者としてこれまで培った経験を生かして個別の対応がなされているのだろう。

一方で被災者の中には震災後の多忙な日常の中で「拝んだって仕方がない」「それで救われるのか」と思ってしまう人も少なからず存在した。自分が生きていくことだけで精一杯で「宗教」という不確定なものに対する不信感や、「日本人＝無宗教」といわれるように、特定の宗教に対して信仰心をもたない背景がある。

また、震災時に被災者が感じた悩みについて考えてみる。先述した、亡くなった方に対する「慰霊・供養をしてあげられない悲しみ」に加え、衣食住という「今後の生活に対する不安」がある。大きく二つに分けられるこの悩みに対して、宗教者は何らかの解決を導くことができたのだろうか。

宗教者が本来対応する悩みについて、僧侶である友久久雄は、浄土真宗が対象とする人間の悩みは「死」の悩みが中心であり、時代や場所による変化はない。これに比して、カウンセリングが対象とする悩みは人間が生活を営む上で支障となる悩みであり、個人的な悩みが多く、時代や環境による差異が著しいととらえられる（友久2015）。

つまり、本来であれば宗教者は、「被災者に対して慰霊・供養をしてあげられない悲しみ」は解決できても、「今後の生活に対する不安」に対しては解決できない傾向にあるのである。しかし、大震災の被災者という特殊な状況の中で、宗教者たちは何を成し遂げたのか。活動の中で宗教者としての迷いが生まれなかったのだろうか。

2　震災時の宗教者の活動

石巻市の被害状況は死者数3552人、行方不明者数425人である（石巻市役所HP17・9・2）。これらの被害に対して、僧侶たちは具体的にどのような対応を迫られたのだろうか。震災後宮城県石巻市で僧侶として、実際にさまざまな活動を行っていた方の話を聞いた。

2.1　宗教者の活動

石巻市の僧侶である北村暁秀さんは3月11日に震災被害に遭った。震災後、副住職を務める寺院が避難所となり、最大で530名の方々と3ヵ月間避難生活を送った。宮城県曹洞宗青年会では各地の避難所での炊き出しや、被害が大きかった家屋の泥清掃などの活動を行った。またその間、市内にある旧青果市場におかれた遺体安置所や仮埋葬現場にほぼ毎日通い、死者に対して読経を行った。

「何百人もがバーっと並んでいた。日を追うごとに増えていって。帰ったら避難所のことやってさ、毎日がいっぱいいっぱいだった」（16・8・6）

と振り返る。

三ヵ月ほど経ち、ある程度落ち着いた後は、月命日の慰霊法要で法話や傾聴を行ったり、身元不明者供養・慰霊供養などの各種供養をしていた。慰霊や鎮魂を目に見える形で行っていくことが非常に大切なことだと感じ、亡き人々の成仏、遺族の安心や励ましにつながるものとして行動していた。思った以上に、供養の必要性を遺族の人々から求められ、そのことは僧侶にしかできないということを、改めて自覚することになった。

宗教者に求められる貢献とは、「心の復興」に寄与することであると思い、慰霊と行脚を通して安心と励ましに加え、傾聴活動によって同悲同苦（慈悲の実践。他者に自分と同じ苦しみをさせない心）の寄り添いを心がけているそうだ。

2.2　新しい宗教者の活動

一方、石巻市門脇町・浄土宗西光寺の副住職である樋口伸生さん（写真2・1、2・2）もまた、震災で被害に遭う。門脇町は、海岸から約1キロの地点にある。寺も津波被害に遭い、樋口さん自身も避難所生活を余儀なくされた。約2千人が避難所に集まっているなかで、樋口さんは「まずは生きること」を考えた。その際に、「僧侶」という肩書は一度捨てたという。

写真 2.1　西光寺副住職　樋口伸生さん
震災時の状況を真剣に語ってくれた
（石巻市門脇町・西光寺にて 2017. 2. 6.玉木太郎さん撮影）

「そのときには、自分が坊さんだってのはあえて捨てた。あんまり大きい災害を見たときに自分の力ってのは弱すぎるし、そういう経験もないからそんな、『みんなー！』っていう感じに周りを扇動することはできなかった」（17・2・6、以下も同日）。

周囲の人は樋口さんを前から僧侶として見知っていたので、期待のまなざしが大きかった。しかし、そこであえて過大に自分を評価しないで、やれることからやるしかないと考えた。

寺が避難所になった場所では、当然、その寺の僧侶が主導役となった。寺によっては、権威的に接する僧侶がいたり、檀家とそうでない者で物資の支給に差を設ける僧侶もいたが、樋口さんは、避難所生活において、人々をうまくまとめる潤滑油のような役目を果たそうと考えていた。

当時、石巻の火葬場はストップしていたので、遺体を火葬するために山形県などにも出かけていく必要があり、そういう場合、樋口さんは檀家の遺族に同行した。亡くなった人が迷って成仏できないことがないように、決して「さようなら」という言葉を言わないことにして『いってらっしゃい』って、拝んでみようと腹に決めた」という。

親戚、特に家族で亡くなった人が火葬されるときに、一緒に焼かれたほうが楽だと思っている人がほとんどだった。だからわざとある言葉をかけた。樋口さん自身は家族を失わなかった。そういう背景がこの発言を生んだようである。

「『あなたも一緒にこの子と入ってさ、一緒に焼かれたほうが楽だろうな』って。普通は言えないような言葉だけど、その場では言えたんだよ。そしたら『はい。家も壊れて子どもも失って、夢も何もありません。生きている価値がない』って返ってきた。だから『死んだほうがよっぽど楽だよな』『でもこの子は（親であるその人が）死んでいいって思ってんのか』って言った。そこで人間本来の生きなければならないっていう目的に無理やり戻すわけよ。かなり荒療治だけど、そうして自死をさせない」

「私は友達とか親戚とか死んじゃったけど、家族は誰も死んでいない。だからあなたの気持ちは全然わからん、でも苦しいなかで私の苦しみは全然浅い所にある。どんなに手を伸ばそうとも俺の手はあなたの深い所に絶対届かない。これはほんとに自分の告白。かっこつけてさ、坊さんみたいにしてんのいっぱいいいたよ。だけど本来であればこうでしょ。僕は遺族じゃないけども、できるのは君がそういう風にして必ず会うための生き方のお手伝いを祈りという形でやるだけだから」(17・2・6)。

3　人間的な宗教者

3.1　宗教的か人間的か

遺族の心に寄り添う樋口さんの活動を見ると、宗教者らしくないように見えるが、はたしてそうなのだろうか。

樋口さんは東日本大震災が起きる前から、大きな地震がくることをある程度予想していた。震災が起きる数年前に地震対策基金もつくっていた。しかし実際に震災を目の当たりにして、一人では何もできない自分の無力さを痛感した。

震災後、石巻には多くの識者が訪れて「ここは神も仏もない地獄です」などと口にしていた。特に宗教者がそう言うのを聞いて「何を言ってんだ」と首をかしげることもしばしばあった。

「この惨劇見たら誰でもそう思うかもしんないけど、そこで宗教者なら自覚しなくちゃいけない。『そう思う頭でしかないからこそ、神様、仏様がいらっしゃる』って、宗教者がなぜ言わないんだって」

「震災を契機に変わったかと聞かれるが、僕は変わらない。もっと追求して言うならば、元からそういったレールを引いていたから震災の中で苦労はしたけど、自分なりのやり方を遂行できた」（17・2・6）

震災時における仏教者のあり方について、宗教学者の坂井祐円は次のように述べている。

「大災害のような危機的状況に際し、被災者を支援したいとの思いが起こるのは人間の情念であろう。この情念に対して、常に内省や洞察を呼びかける超越者のはたらきに支えられて在るとする霊性的自覚に開かれていることこそが、仏教者としてのあり方ではないだろうか。

宗教者による被災者への支援は、霊性的自覚に立つことによって、『縁（関係）に支えられている』という意味での『支縁』であることに気づかされる。その縁とは、被災者との関係であるとともに、超越者との関係を指しているのである」（坂井 2013: 38）。

ここで霊性的自覚に立つ「支縁」を「宗教的活動」と呼び、被災者を支援したいとの人間の情念を「人間的活動」と呼ぶと、「宗教的活動」とは「人間的活動」とは異なり超越者（神・仏）を認識していることが前提にあり、宗教者が人同士だけでなく、超越者との関係をつなぐ役割を果たすのである。

樋口さんの活動は、純粋な「宗教的活動」のみではなかったが、かといって単なる「人間的活動」であったようにも見えない。

写真 2.2 樋口伸生さんへの聞き取り
震災時の状況を真剣に語ってくれた
語りの最中,時に笑顔も見せてくれた（同上）

3.2 宗教者である前に一人の人間

震災時、宗教者は達観した考えを持ちつつあった。多大な被害を与えた震災にたいして、弱った人々の心を救う存在であり続けようとした。実際に宗教者が行った慰霊活動に救われたという被災者は多い。しかし、はたしてそれは宗教者としてあるべき姿だったのだろうか。宗教者も一人の人間である。震災の現状を実際に見て、人間としての迷いを何も感じなかったのだろうか。

樋口さんが副住職を務める西光寺は、津波によって本堂の床上まで浸水、約７００基あった暮石の7割が壊れ、骨つぼの一部も流された（読売新聞 2015. 9. 3）。一時は被災したお寺がつぶれるだろうと思っていた。これまで僧侶として生きてこられた恩返しをここでするしかない、自分は震災前とは何も変わらないと語る。樋口さんには迷いはなかった。

「30年前の僕の坊さんになった時点では本質的なものは変わらない。坊さんたるものはどういった生き方をするべきか、それが今も昔も根っこにある僧侶はなんであるべきか、そういった考えが先にあって、震災を契機に変わったかと聞かれるが、僕は変わらない。もっと追求して言うならば、元からそういったレールを引いていたから、震災の中で苦労はしたけど、自分なりのやり方を遂行できた」

弱さを自覚した宗教的活動とは、どのようなものだったのか。それは、被災者の気持ちに近づいて、寄り添うことだと樋口さんは考えた。周りから見れば単に僧侶としての修業が足りず、プロとしての資質が問われるかもしれない。けれど決してそうではないのである。

仏教の教えの一つとして樋口さんはこう語る。

「仏に対して人間はかなわない。人間が下のレベルにいる。そのレベルにいる自分は弱いんだということを知ったときに、大事に生きていきたいとより思う。そのときに仏に対して教えというものを求めるわけ」

「弱いけど着実に生きているという考えに到達したときに、最終的に人間は一番強く生きているんだよ。だから弱いと(自覚)したときに一番強く思える。これが自信になっている」

樋口さんは自身を一人の人間であると自覚して、自分ができる最大限のことをなし遂げようとしていた。身の丈以上のことは行わず、被災者に対して全能であろうとはしなかった。

宗教者が神様、仏様の教えや声を代弁しているだけでは、深い宗教的な学びがない被災者にとっては、その言葉が「善」であり正しい言葉であると思いこんでしまう。その言葉が救いになればよいが、そうならなかった場合には心に迷いが生じてしまう。

樋口さんは、自身の言葉が「絶対的な言葉」にならないようにしていた。遺族を亡くした人に供養を求められれば行うが、遺族の心の深い悲しみを無理に救おうとはしなかった。人間本来の生きる本能だけを遺族に自覚してもらい、そこからは遺族自身で立ち直れるように努めた。

樋口さんは、ほかの宗教者とは対照的な考えで活動をしていることがわかる。震災時の多くの宗教者は、これまで培ってきた宗教的な教えから被災者を導く活動を行い、必ず被災者たちが救われると確信している。それに対して、樋口さんは宗教的な教えをもとにしつつも、個々の人間の「弱さ」を自覚して遺族の心に寄り添う活動をしているようにみえる。

4　震災時にあるべき宗教者の姿とは

4.1　弱さゆえの「支縁」の救い

樋口さんは「完璧ではない宗教者」として活動していくことで被災者の心を救ってきた。強い自覚を持ったほかの宗教者とは異なるアプローチで、被災者に向き合ってきた。これは新しい宗教者のかたちではないだろうか。被災者を導くのではなく、「弱さ」を持ちながら共に歩いていく存在といえる。

東日本大震災は、多くの人々に「神・仏」の存在を疑わせた。それまで信仰心が高かった人ほど、神や仏に裏切られたと感じた。供養や心の安らぎに「宗教性」を求める一方で、その「宗教性」に疑問を感じていた。だからこそ、そのような人々が救いを求めたのは「宗教性」のみに偏った人ではなく、「宗教性」と「人間性」の両面を兼ね備えた人だったのである。

宗教者であり、被災者であり、一人の弱い人間である樋口さんだからこそ、被災者と同じ立場で見えるものがあったのだろう。それを自覚したからこそ被災者により近い存在になり、被災者に安心を与えることにもつながった。

「支縁」は、霊性的自覚に立つ宗教者らしい支援のあり方である。もちろん、だからといって宗教者が何でもできるわけではない。樋口さんが被災者に自ら立ち直る力が起こるまで丁寧に「支縁」できたのは、宗教者であると同時に、人間的な情念を豊かに持つ人間だったからである。「支縁」が被災者に受け入れられ、互いに信頼関係を結ぶことができた。

4.2　身近に寄り添う存在

「諸行無常」という言葉がある。これはこの世に存在するすべてのものは、同じ状態を保つことなく移り変わっていき、永久不変なものなどないという仏教の根本的な考えである。

大規模な災害は再び私たちの目の前にやってくるだろう。そのとき宗教者たちはどのような対応をするのだろうか。宗教者に人を救う責務があるわけではない。けれども宗教者の根底には、宗教者としての強い覚悟が存在する。震災時の宗教者の活動には、その責務とひとりの人間としてそれに対する不安との葛藤があった。それを乗り越えて見えてきたものがある。

聞き取り調査で、宗教者のあるべき姿として新しいかたちを発見することができた。大きな力を持ち一方的に施しを与える存在ではなく、同じ立場の人として、救いを求める人に寄り添う姿だ。

東日本大震災は、驚異的な力で私たちに被害を与えた。だからこそ私たちは、絶対的な力を持つ存在に救いを求めてしまったところもある。しかし真に必要なのは、身近に寄り添ってくれる存在なのである。一緒に祈り、悲しみに寄り添えたからこそ、樋口さんの活動は人々の救いになった。「神」ではなく、「人」をより理解できる宗教者が救いをもたらすことができるのである。

おわりに

東日本大震災という未曾有の大災害を経験して、宗教者もまた変化していく。いつの日か再び起こるであろう災害時には、宗教者はこれまでの教訓を活かして、宗教思想に則った多種多様な慰霊や供養を展開し、対応していくのだろう。

人には、神や仏などの超越者を信じる一面もあれば、それらをまったく信じない一面もある。しかし、二者択一ではなく、その両方の間で揺れ動くのが現実ではないだろうか。「宗教的」であり「人間的」であるような二重性を持つ宗教者の存在が、広く人々の悩みを救っていく。

参考文献

藤森雄介 2013「仏教の活動」稲場・黒崎編 所収
稲場圭信・黒崎浩行編 2013『震災復興と宗教』明石書店
大村哲夫 2014「心のケア・ワーカーとしての宗教者「臨床宗教師」とは何か？ 臨床心理士との比較から」『東北宗教学』東北大学宗教学研究室:1-17.
坂井祐円 2013「被災者支援において、〈仏教的〉であるとはどういうことか？」『宗教研究』日本宗教学会: 760.
白石凌海 2017『生きる死者 災害と仏教』ノンブル社
高橋和義 2013「キリスト教の活動」稲場・黒崎編 所収
友久久雄 2015「浄土真宗とカウンセリング」『宗教研究』日本宗教学会: 404.

参考資料

石巻市役所ＨＰ「被災状況（人的被害）」
http://www.city.ishinomaki.lg.jp/cont/10106000/7253/20141016145443.html （2017.9.5 取得）

第3章

手紙の不確実性がもたらす「生」の世界

——亡き人とのつながりを感じるために

岩松　大貴

はじめに

人里離れた山奥に、漂流ポストと呼ばれるものがある。これは、東日本大震災によって家族や友人を亡くした人が、故人に伝えることのできなかった想いを「手紙」に託して届ける試みである。手紙を送る人のなかには、6年以上経過した現在でも、手紙を送り続けている人がいる。

一般に私たちは手紙を書いて送るとき、受け取る相手の存在を前提におく。書く側と受け取る側の両者がいて、手紙という意思疎通、つまり二者間のコミュニケーションが成り立つ。だが、遺族たちは読むことのできない相手、手紙が届くはずのない故人に手紙を書いて送っている。

本章では、伝えたかった想いを届けることは不可能であり、手紙を送っても返事の見込めない相手に、遺された人はなぜ手紙を送り続けるのかを明らかにしたい。

1　漂流ポスト

1.1　漂流ポストが置かれた理由

岩手県陸前高田市の郊外の静かな森の中に喫茶店「森の小舎《こや》」(写真3・1)があり、その前にポストが置かれている。このポストを設置した赤川勇治さんは震災後、大切な人を亡くした人の相談を引き受けていた。震災後、行政は道路や沿岸工事などのハード面の復興を急いだ。その結果少しずつではあるものの、姿を変えた町並みを取り戻すことができた。しかし一方で、ソフト面の対策があまりなされていないことに赤川さんは気がついた。そこで遺族たちの「心の復興」が必要だと考えた。しかし、震災のショックから疲れきっていたり、言葉を交わさなくなった人たちは、赤川さん一人では対応できないほどの想いを抱え込んでいることが多かった。

ある日突然大切な人を亡くした人々は、亡き人への思いを抱えながら暮らしており、自分自身の心に悩みを溜め込んでいる。遺族の（漂流している）思いを受け止める場所（ポスト）を設置して、気軽に自分の思いを手紙に綴ることができたら、悲しみが癒されるのではないか。そう考えた赤川さんは、カフェの敷地内にポストを置き、「漂流ポスト」と名づけた（写真3・2）。直接手紙を漂流ポストに持ってくる人はほとんどおらず、郵便で送る人が多い。また、遺族が故人（漂流ポスト）に宛てた手紙は、非公開にしてほしいと明記されているものを除いて「森の小舎」で公開され、誰でもその手紙を読むことができる（写真3・3）。

公開を前提に漂流ポストを始めたのかを問うと、赤川さんは次のように語った。震災でお子さんを亡くしたお母さんたちはこころを

写真 3.1　喫茶店「森の小舎」
（陸前高田市 2017.12.15 齊藤春貴撮影）

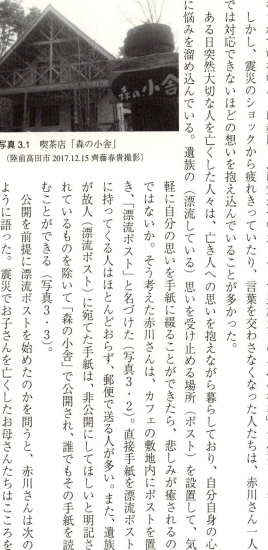

写真 3.2　漂流ポスト
遺族が故人に宛てた手紙がこのポストに届く（同上 2016.12.18）

病んでいて、手紙を書くまでにすら至っていない。手紙を公開して見てもらうことによって、自分だけじゃないんだってことに気がついてほしいし、このことがきっかけで一歩前に進んでほしいと公開を前提にしている、書く人、見る人の両方が救われるように、が最大の目的。しかし強い思いがたくさんあるなかで、漂流ポストだけでは背負いきれなくなったため、毎年10月頃にお寺で手紙を供養してもらっている。

1.2　書くことの効果

私たちは、日頃から文字を使用して生活している。私たちは日常生活を送る上でメモを取って備忘録をつくる、相手とコミュニケーションを取るなど、「書く行為」が欠かせないが、「書くこと」はそのためだけにあるのだろうか。

東日本大震災で友人を亡くした山本美子さんは、日記を書くことについて、

「一人で夜いると寂しいときに、私、何時間でも書き取り始めるの。2時間でも、3時間でも。気持ちを紛らわすために書くの」（17・2・4）

と話す。また、息子を亡くした高野慶子さんは

「書くっていうことで自分が楽しくなってくるのだと思う。手書きで書いているほうが余計楽しく

なってくるのだと思う」（17・2・24）

と言う。いったい「書くこと」は、人にどのような効果をもたらしているのだろうか。

災害や戦争などで生き残った人は、「そのとき、自分には何かができたはずである」「（自分だけ生き残って）亡くなった人に申し訳ない」という罪悪感を心の中に強く刻みつけている。その場合、災害後の影響とそのときに行動できたかもしれないことを無意識のうちに結びつけ、両者に因果関係を感じる傾向にある。人の心には、整理されずにいる部分があって、書くことでこの結びつきをほぐしていくのが、記録筆記療法の利点である（金菱 2016: 64-66）。

また、ひとり静かに文章を書き綴ることは、文章を推敲し、幾度も原稿を見直すことで、緩やかにではあるが、災害状況をより客観的に把握できるメリットがある（Campbell and Pennebaker 2003）。

心理療法として、記録筆記療法は実際の医療現場でも使われている。精神医学の高良武久によれば、

「日誌を書かせることによって、患者の生活態度や関心事、病状の変化などがだいたいわかる。口では言いにくいことも告白でき、反省の機会にもなる」（高良 2000: 174）。

つまり、文字を書くことは心にしまっている悩みや葛藤を告白すること、自分自身が抱えている感情を解放することにつながる。そのため、震災で大切な人を亡くした被災者が、心の奥底に抱え込んでいたものを文字で書き記すことによって、心の傷を癒し体調を整えることにつながる。したがって、

死者に手紙を書く行為は、「楽しくなってくる」「気持ちを紛らわせる」感情を被災者にもたらしたと考えられる。

心に抱え込んだ悩みを吐き出すために、カウンセラーに相談するという手段がある。震災後、被災者の心の復興を目的に、被災地の病院などに相談窓口が設けられ、カウンセラーに相談する体制が図られた。しかし、カウンセリングでは悩みを解決できず、取り残されてしまった人たちは、それ以外の方法を模索する必要があった。

1.3 カウンセリングでは不十分な理由

では、カウンセリングという方法で悩みを解決できなかったのは、どのような場合だったのだろうか。カウンセリングによって自分は楽になることができるけれども、そのことがかえって突然命を絶たれた死者に対して申し訳ないという気持ちを抱く人がいる。楽になれば、自分だけがそのように解放されていいのか、生き残った側はもっと苦しむべきではないかという、自問自答が繰り返される（金菱 2014 に収録された赤井志帆の震災覚え書き）。

記録筆記療法は、遺族たちのそうした相反する感情を肯定する手法として「痛みを温存しながら書き綴る」痛み温存法を提唱している（金菱 2014: 179）。これは、遺された人が亡くなった家族をどれほど愛していたかということを記録する手段となる。書くことで、死者への思いを永遠に刻みつけておくことができる。遺された者と亡き人との関係性を壊さずに文字にして記憶を残すことで、遺族たちの痛みやつらさを、一時的に死者に分有して預けてしまうのである。

東日本大震災で娘さん夫婦、お孫さん二人を亡くされた清水和子さんは述べる。

「手紙書いて、心境は変わりましたよね。前に進もうって」「ほんとにつらい気持ちって誰にも言えなかったんですよ」（17・12・9）

また遺族たちにとって、心の痛みは消し去るものではなく、むしろ抱き続けるべき感情なのである。死者を置き去りにして自分だけが救われるような解決策は、肉親が津波の犠牲になったのと同じ繰り返しに等しく（第二の津波）、遺族たちは非常に強い抵抗を感じている（金菱 2014: 179）。

このように、心の奥底に抱え込んでいたものを文字で書き記すことは、心の傷を癒し、心身の回復に役立つことがわかった。しかし、書くことが解決策になるのであれば、自宅でノートに自分の想いを書き綴る方が楽ではないのだろうか。なぜ日記ではなく、漂流ポストに手紙として送る行為が必要なのだろうか。

1.4 手紙

日記に思いを綴るのではなく、なぜ、わざわざ漂流ポストを利用して亡き人に手紙を送り続けるのだろうか。

津波で息子さんを亡くした高野慶子さんは話す。

「日記だと人様に見せないでしょ。だから、果てしなく愚痴しか書かないと思うのね、暗いことしか書かないと思う。手紙だと出すから、そんな愚痴は書かないけど、日記だと自分の負の部分を全部書いてしまう気がする。手紙は変なこと書いているわけじゃないし、日常会話」（17・2・24）

震災でいとこのカズ子さんを亡くした、陸前高田市の臼井良一さんは、手紙に書く内容は「喜びとかかな。悲しみはあんま書かねぇ。今わかめ（漁）が忙しいとかかな」（16・12・18）と、語りかけるように書くという。

夫を亡くした佐藤せつ子さんは「仏壇には愚痴は言うから。寂しいよとか。手紙は私の中では（夫に）届いている」「あんま心配させちゃいけないと思うから。（手紙には）元気だよとか」書くと話す。

日記は基本的に一人で自分と向き合い、他者の目を気にすることがない。他者との関係を意識せず、自分の思ったことをひたすら綴るだけである。しかし手紙は相手がいて初めて成り立つものであり、他者との関係性を強く意識する。すなわち、手紙は相手の存在、相手に読まれることを前提にしている。そのため、私たちが一般的に相手に手紙を送るときと同様に、自己の内面の暗い話題に終始するのではなく、日常生活を相手に知らせるために書き送っている。手紙を送る行為を通して、亡き人との関係性を能動的に持続させるのだと考えられる。

仏壇に対して話しかける行為も、亡き人を思い出し、関係を保つことができるのだが、手紙を書く行為は、これとどこが違うだろうか。

社会学者の宮原浩二郎によると、

「文字言語は音声言語の持つ時間的・空間的制約を破壊する。声で伝える場合その声が発せられた時にその場所にいる人しか伝わらない。同じ場所にいても、少し離れてしまえば聞こえないし、同じ場所にきても少し離れてしまえばもう声は消えている。ところが、文字で伝える場合は書かれた時と場所をはるかにこえて、何年たってもどんなに遠く離れた場所でも読めてしまう」(宮原 2000: 21-22)。

書くことは、「幸福の時間」である。遺族たちは一人ではない。亡くした肉親と共に行う共同作業として位置づける場合もある。文字を書くことは、死者との応答の場を自ら生み出す効果をもつ(金菱 2014)。つまり、手紙を利用することで他者との関係性を生み出すだけでなく、生者の世界に身を置く自分と異界にある死者の間に横たわる時間的・空間的制約を超えて、現実には存在しない故人との関係性を保つことが可能となる。

2　喪失・悩み・悲嘆

2.1　悲嘆を味わう

高野慶子さんは息子さんを亡くした。息子さんは震災当時、自動車整備士として働いていて、仕事場は海と川の近くにあった。3月11日もいつもと変わらず、お昼ご飯を食べるために、自宅に帰って

写真 3.3　手紙を読むことができる部屋
（同上）

来ていた。昼食後、高野さんは息子さんに「いってらっしゃい、お母さん夜勤だからね」と送り出した。

「5時過ぎになったら、帰ってくるなぁ。そうすれば私はそのまま夜勤に行く（から会えるかもしれない）なって思ってたんだけど」（17・2・24、以下も同日）

しかし、その「いってらっしゃい」が高野さんと息子さんの最後の会話になってしまった。

大きな揺れの後、息子さんはJR気仙沼線の線路上に避難した。線路は少し高台になっているため、そこに行けば大丈夫だと思っていた。しかし、津波は海と川からさかのぼり、息子さんを飲み込んだ。高野さんは語る。

「一緒の職場の人たちで助かった人もいるのね、（亡くなったのは）うちの息子ともう一人と社長と社長の奥さんだけだったの」

「他の人は何人も助かっていたのね、あんたはなんで逃げなかったのかなって」

「もう少し高いところに逃げていれば」「他の人は助かっているのに」

「避難するように（私が）電話できたんじゃないか」

震災以後、高野さんの心の中にこれらが後悔となって残り、自分を責め続けて苦しんできた。震災後、同じように自分を責め、苦しみ続けている人は少なくなかった。

大切な人を亡くしたとき、愛する人がこの世にいないということ、今まで当たり前だと思っていた世界が一瞬で変わってしまったことを突きつけられ、どうしようもない感情に襲われ、あるいは孤独に陥り、大きな悲嘆を味わう。

こうした喪失に伴う反応を「悲嘆（グリーフ）」という。悲嘆とは、大切な人や大切なものを喪失したときに体験する、複雑な心理的・身体的・社会的反応であり、それは対人関係や当人の生き方に強い影響を与えることがある（山本 2012）。東日本大震災で大切な家族や友人を亡くした多くの人が、悲嘆することとなった。

2.2 回復への過程

悲嘆した者は、日常生活を取り戻すまでには、おおまかに「ショック期」「喪失期」「回復期」の過程をたどることがある（山本 2012: 9-10）。

まず、大切な人が亡くなった直後の段階が「ショック期」である。現実を信じられない気持ち、情緒的に麻痺した感覚に襲われる。ショックが激しい場合は、呆然自失となり、身体が動かなくなってしまうことがある。

その次には「喪失期」といわれる段階がある。喪失を現実に受け止められるようになり、故人の思いに強く捉われ、悲しみ、怒りなど強い感情が現れる。その後も従来の自分の価値観や生活が意味を失うことがある。

そして最後に「回復期」が訪れる。喪失を乗り越えて、新たな自分、新たな社会関係を築いていく。悲しみの感情が出現しても喪失期のような強さを伴わないことが多い。故人の記憶が薄れていく、喪失感が消えていくというよりは、故人との新たな関係性が見いだされることで回復に至る（山本 同上より引用・要約）。

佐藤せつ子さんは、南三陸町で消防士として勤めていた夫の武敏さんを亡くした。せつ子さんは町の合同庁舎の屋上に避難した。夫はその日は非番であったが、震災が発生したため、急遽出動することになった。震災後、夫とは電話が通じた。

「お母さん、帰ってきたら、家の中片づけて。それが最後なんですよ」

「私の中では、3時31分まで生きてたってのがあるから」（17・12・6、以下も同日）

指揮隊長だった武敏さんの無線でのやりとりが記録に残っていた。3時31分に交信して、3時35分には応答がなかった。武敏さんは津波に襲われ、命を落とした。

佐藤さんは毎年6月、電話交換手の仲間と一緒に仙台で食事会をしてきた。その後の夜に武敏さんと二人で食事することが恒例になっており、それが長い間続いていた。しかし、震災で夫を亡くしたため、夫や仲間と食事をすることができなくなってしまった。

「6月の第二か第三（週に）必ず、食事したことがもうできないんだなぁってことが悲しくて、それを書いたのが始まりなんです」。

1通目は出せなかったが、2、3週間して同じような内容の手紙を漂流ポストに送ったという。

哲学者の片山善博は家族の終末期ケアについて、

「大切な人の死は喪失体験をした者にとって耐えがたくまた受け入れがたいものになるだろう。亡くなった者は、不在である。その者とのつながりは強制的に絶たれた状態となる。しかし遺された者の多くが、故人とのつながりを別の形で作り上げていこうとする」（片山 2015: 2）

と述べる。つまり、震災後のショック期、喪失期、そして回復期という過程を経て、遺族たちは大切な人を失ったショックを癒していく。また、この過程において、遺族は死者とのつながりを求めようとするのである。死者に手紙を送るという方法によって、死者とのつながりを維持しようとしたのである。

3　生き続けるということ

3.1　「不確実性」がもたらす「生」の世界

死者に手紙を送る方法によって、死者とのつながりを維持しようとしたのは、いったいどういうことだろうか。

山本美子さんは亡くした友人に手紙を出す理由を次のように語る。

「気持ちをまぎらわすために、あー美っちゃんって。美っちゃんに気持ち届くんじゃないかなと思って。読んでもらってるんじゃないかなぁ。私の気持ち少しわかってるんじゃないかなぁって。いくらかでもそっち（故人）の方に行くんじゃないかなって気持ち」（17・2・4）（写真3・4）。

高野さんの息子さんの携帯電話は、震災当時使っていた本体は壊れてしまったため残っていない。しかし、別の携帯に機種を変更して、新しい携帯電話には、震災当時の携帯番号もアドレスもそのまま継続して残っており、今は仏壇に置かれている。高野さんは、漂流ポストを知る前は、この携帯にメールを送っていた。

「自分でメールを送れば届くっていうのはわかってしまっているから、電源は切っていてもあそこ（仏壇にある携帯電話）に行ってしまうのかなぁ、そこに（仏壇に携帯電話が）あるから余計そこに行ってしまうんだなってわかってしまう」

「本当は生きている、どっかにいるって思う部分はあるのね。だから届くわけないけど、そこにいるような気がして（手紙を）出す」（17・2・24）

つまり、携帯電話で息子さんのアドレスに送信すれば確実に届く。そして、そのメールは読まれないこと、息子から返信がないことは確実にわかっている。携帯電話によって、遺族と死者の間に関係性は成立しないことは明白である。しかし、漂流ポストの場合、携帯電話にある「確実性」を備えていないがゆえに、つながりを期待できる。

清水和子さんは、石巻市にいた看護師の娘さん夫婦とお孫さんの4人を震災で亡くした。

「すぐ見つけてあげられなかったんですよ…3月28日に偶然見つかったんですよ」

「渡波小学校の体育館で避難して（自宅に戻るか）喧嘩してたみたいなんですよ。娘夫婦が」

「毛布取りに行ったみたいなんですよ。自宅に寄った10分後に津波がきて……ダメだった。寒かったからね。妊娠中だったから、たぶん毛布取りに行ったと思うのね」

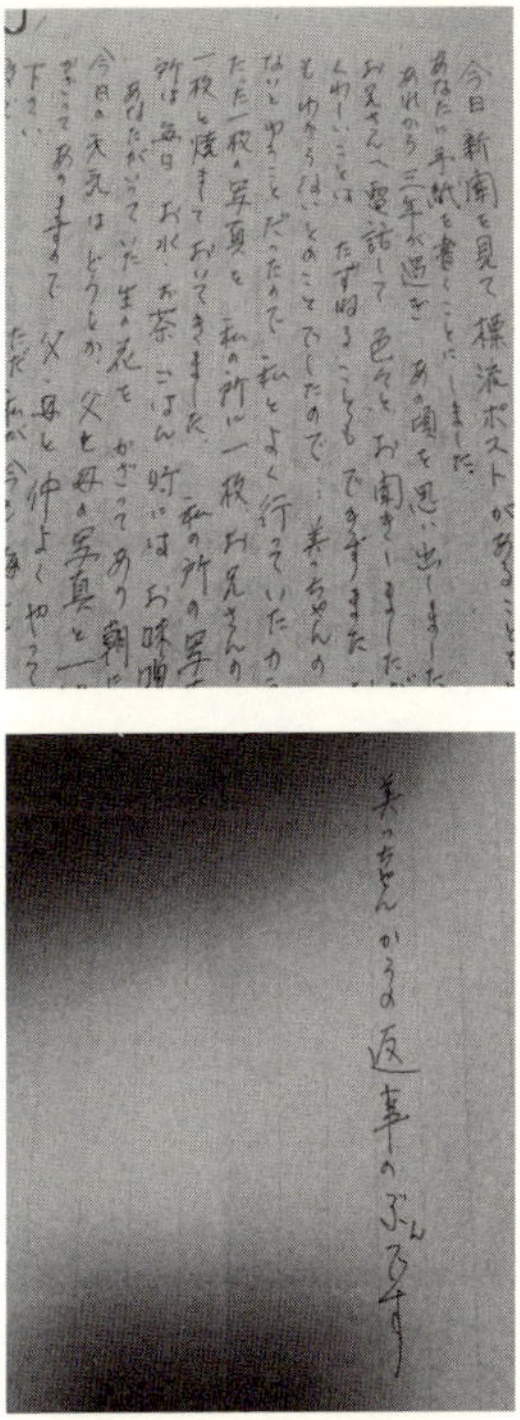

写真 3.4　亡くなった友人に宛てた山本美子さんの手紙
故人からの返事を期待して白紙の便箋も同封されている
（森の小舎 2016.11.22）

「（手紙は）実際に届いている感じ（がします）。メールも届かなかったんですよ。震災直後」「携帯もなかったんですよ。流されて。ただこっちには携帯のアドレスがあるじゃないですか。でもやっても返信でエラーで戻ってくるし、手紙だと自分の思いを書いてると届いているような気にもなるし、自分の決心も自分だけじゃなく、娘たちに伝えて一緒に進めるのかなって」（17・12・9）。

つまり、死者に手紙を送りたくても住所はなく、物理的にも相手に届けられない。相手が読むこともないし、返事がくることもない。だが、漂流ポストの存在は、「もしかしたら大切な人が読んでくれるかもしれない」というかすかな希望を遺族にもたらしている。亡き人に宛てた思いを郵送することで、「死」という現実を打ち消し、亡き人とのつながりを感じる瞬間を生み出す。

現実には亡き人は存在しない。だが、届いているかどうか確実ではないという「不確実性」が、手紙を書く遺族たちに死者との関係性を築く「新たな『生』」の世界をもたらす。それが、遺族たちの心に変化をもたらしている。

3.2　亡き人とのつながりを維持し続けること

大切な亡き人へ手紙を送ることによって、遺された人と亡き人との「生」の関係性をつくり出すことが可能になる。そして、手紙を送り続けることによって、亡き人との関係性が維持されている。高野さんは述べる。
「実際は亡くなって遺体も見ているし、火葬もして葬儀もしているんだけど、そう思っていながら生きているんじゃないかと思うんだよね。ただ何となく本当は終わっているんだろうけど、その続きがどっかにあるんじゃないかと思っちゃう。その延長が手紙で続いているような感じ」（17・2・24）
また、臼井良一さんは、いとこのカズ子さんに想いを馳せながら語った。
「つながりを求める。ずっとな、生きてるように。とにかく仲間外れにしたくねぇ」（17・11・28）
死者に手紙を送ることは、どのような効果をもたらしているのだろうか。亡き人とのつながりを維持することは、遺族たちの自己認識を保つことにもつながる。
清水和子さんは語る。
「いままで、死にたい、死にたいっていうそういう気持ちだったんだけど、手紙を書いたことで、自分の思いを吐き出せたし、前に進めたし、自分の夢を、娘の夢を叶えられるっていう感じ。頑張れる、諦めない。夢を叶えるまでどんなことでも」（17・12・9）
津波という一瞬の出来事によって、大切な人との関係を強制的に遮断されてしまった。そのため、遺された者は強いストレスを感じている。その圧力から自分自身の身体や心を守るためには、亡き人とのつながりを復活することが求められるのだ。
片山善博によれば、ある人が自分にとってかけがえのない人を喪失することは、その人自身の自己認識を危うくする。故人がその人にとって決定的に重要な人であればなおさらそういう事態が進む。かけがえのない他者の喪失は、喪失した人の自己認識を崩壊させることになる。したがって、何らかの形で故人との絆を維持することは、遺された者が自己崩壊せずに、自己自身を維持することにつながるはずである（片山 2015: 7）。

このように大切な人の「死」という強いストレスに対応するためには、遺族たちが亡き人との関係性を維持すること、遺された人が「生」を延長させて持続することが求められる。霊性、あるいは魂の生かされ方がそこに見られるのではないか。

死者に手紙を送ることによって故人との絆を維持することは、書く人が自分自身を守ることにもつながっていた。一度だけではなく、何度も手紙を送り続けている人が多い理由は、そこにあるのだと考えられる。

おわりに

大切な人を亡くした遺族たちは、亡き人を思い、手紙を書き送り続ける。遺族が書いて送った手紙は、漂流ポストに届く。手紙は現実には亡き人の元に届くものではないが、漂流ポストは、亡き人の存在を身近に感じられる媒介の役割を果たしている。

手紙には、亡き人との関係性を復活し、維持し続ける力がある。手紙を書き続ける行為は、震災が一瞬にして奪った大切な人との関係を消失させることなく保ち、亡き人の存在を感じさせてくれるのである。遺された人による宛先の不確実な手紙が、大切な人との間に新たな「生」の世界をもたらしている。

参考文献

金菱清 2014『震災メメントモリ――第二の津波に抗して』新曜社
金菱清 2016「心のケア」『震災学入門』ちくま新書: 45-72.
片山善博 2015「遺族ケアについての哲学的試論―故人とのつながりを維持すること」『日本福祉大学研究紀要　現代と文化』131: 1-16.
高良武久 2000『森田療法のすすめ』[新版] 白揚社
宮原浩二郎 2000「思いやりのある手紙」大村英昭編『臨床心理学を学ぶ人のために』世界思想社: 3-23.
山本佳世子 2012「グリーフケアとは」髙木慶子編『グリーフケア入門――悲嘆のさなかにある人を支える』勁草書房: 1-17.
Campbell, R. S and J.W. Pennebaker, 2003,. "The Secret Life of Pronouns: Flexibility in Writing Style and Physical Health", *Psychological Science* 14: 60-65.

第4章
原発事故に奪われた故郷を継承する
――牛の慰霊碑建立をめぐって

石橋　孝郁

写真 4.1 牛たちの魂を祀る慰霊碑（双葉畜産農業協同組合 2016 年 3 月建立）

（福島県富岡町・富岡工業団地公園 2017.12.13）

写真 4.2 慰霊碑と碑文

碑文には牛を殺処分した経緯と再興の願いが刻まれている。「愛牛達を，我が子同様にいとおしみ育んできた生産者にとっては，いま断腸の思いあるのみ。二度とふたたび原発事故の惨害と犠牲を被ることのないことを強く願うものである」（同上）

はじめに

福島県浜通りにある双葉郡富岡町において、２０１６年３月、双葉畜産農業協同組合（以下、双葉組合）によって一基の慰霊碑が建立された（写真４・１）。２０１１年３月11日に起きた東日本大震災による原発事故の影響により、広域に拡散された高濃度の放射能に体を蝕まれ、殺処分された牛たちの魂が眠る慰霊碑である。３・６メートルの堂々としたその碑には「鎮魂」の二文字が彫られ、碑文には断腸の思いで牛たちとの別れを決断した牛飼いの人々の言葉が記されている（写真４・２）。

現在、牛は酪農や肉牛など経済活動にかかわる「産業動物」として位置づけられている。牛は私たち人間に役立つ動物として生産され、利用されるという理解が一般的である。そのため、工業製品と同様に、いわば「モノ」として扱われるのである。

そのため、私たちは牛の慰霊碑を建立し入魂するという行為に対して、どことなしに違和感を覚える。最終的に牛を屠《ほふ》るにもかかわらず、牛飼いの人々はなぜ原発事故後に牛の慰霊碑を建立したのだろうか。組合員である牛飼いの声が後述する「双葉組合」に届き、それを受けて職員と人々が一つになって慰霊碑の建立が実現したという。双葉の牛飼いの人々の語りをもとに、その理由を明らかにしていく。

1　双葉に建立された牛の慰霊碑

1.1　慰霊碑とは

慰霊碑はどのような目的で建立されるのだろうか。社会学者の木村至聖は、慰霊碑を集合的記憶形成の装置であると述べている（木村 2015）。集合的記憶は、共通性を持つ組織や地域において共有される記憶であり、史実として記される。東日本大震災後、津波によって多くの地域に住む人たちが亡くなった。この場合、その地域に慰霊碑が建立されることで、地域住民に共通する「被災」「津波」「死者」などの集合的記憶を慰霊碑が形成し、亡くなった人たちを弔う共通の想いにつながるのである。

東日本大震災の被災地でも、震災後に数多くの慰霊碑が建立された（菅原 2016）。双葉郡でも双葉町が「東日本大震災物故者慰霊碑」、富岡町が「東日本大震災慰霊碑」を各々建立している。

全国各地に建立されている慰霊碑の対象は人間にとどまらず、犬や猫を代表とする愛玩動物や鯨、蛙、魚、虫、ネズミ、鳥など多種多様な生き物の供養にも数多く建立されている。

どのような動物が供養の対象になるのかは、まず人間の生活にある程度親しみのある動物、そしていのちの利用を前提にした動物である。これら2つに共通するのは、人間世界に貢献していることであり、感謝の意を込めて行われるのが日本文化独自の動物供養のあり方であるという。(フェルトカンプ 2009, 依田 2015, 伊藤 2016)。しかし、富岡町に牛の慰霊碑が建立されたのは、原発事故により殺処分された牛たちの供養だけではない想いがあったのではないか。東日本大震災以前の双葉の牛飼いと牛たちの関係性から、さらなる建立の意味を探っていく。

1.2 地域産業と和牛飼養

畜産を生業とする牛飼い、そして飼養される牛の間にはどのような関係が築かれているのだろうか。

社会学者の佐野市佳は、畜産農家にとって牛は「産業ではなく家を助けるための大切な労働力であり、家に『居る』身近な存在」との存在意義を述べる(佐野 2011: 80)。これは双葉郡においても同様である。「牛あってのわれわれの事業」と語るのは、現在も一部帰還困難区域に指定されている富岡町に事務所を構えていた双葉組合の業務課長である横田貢一さんである（16・5・24）。

双葉組合は明治23年に「双葉産馬組合」として双葉郡に設立された長い歴史を持つ。しかしその名前からわかるように、双葉地域では昔から和牛改良が行われてきたわけではなく、かつては馬の飼養が主流であった。横田さんは「昔の双葉は地域循環型産業だったんだよ」と話す（16・5・24）。今では当たり前のように使われているトラックや耕耘機などの農業機械が普及するまで、牛馬は農耕用の役牛として飼養されていた。牛や馬が出す糞は栄養価の高い有機質肥料となり、稲作・畑作で高品質の作物を生産する上で重要な役割を果たしていた。これらが「循環」と呼ばれる所以である。

また、双葉郡浪江町の小丸地区で畜産業を営んでいた渡部典一さんは、循環型産業は耕作放棄地の防止につながったと語る（16・7・12）。小丸地区は昔から農耕馬・牛を活かした稲作中心の地域として発展し、とても活気がある地区であった。その後、比較的軽労働である利点もあって、役牛飼養から、肉牛である和牛の飼養へと変わった。時期の前後はあるものの双葉郡各地で和牛飼養は生業の中心として成長を遂げた。

では、役牛から和牛飼養へと移り変わるなかで、双葉地域の牛飼いの人々は牛とどのようにかかわっていたのだろうか。

1.3　牛が中心のコミュニティ

牛の慰霊碑が建立された富岡町を含む双葉郡はどのような地域であったのか。

写真4.3　牛たちに餌の干し草を与える渡部典一《ふみかず》さん（福島県浪江町小丸集落 2015.3.4）
約70頭の牛は電気柵で管理され,人の手が入らない耕作地の雑草をはむ「役畜」として余生を過ごす（中略）出荷できず経済的価値こそ無い牛だが,今では研究機関の被ばく調査対象として貴重な存在になっている」
（毎日新聞 2015.3.6 毎日新聞社提供）

福島県双葉郡は福島県浜通りと呼ばれる太平洋沿岸部の6町2村（広野町・楢葉町・富岡町・大熊町・双葉町・浪江町・葛尾村・川内村）から成り立つ。海に面しているため、一年を通して温暖な気候に恵まれ、四季によってさまざまな相貌を見せる豊かな自然は地域が誇る宝であり、人間だけでなく動物にとっても非常に住みやすい、恵まれた地域であった。

双葉地域では、和牛の飼養が盛んになる1960年代まで、男性は農作業に従事し、農閑期には地域の人々と共に原発関連工事などの出稼ぎや日銭稼ぎに出かけていた。その間、女性は自宅で子どもたちの世話をしながら牛の世話をこなした。子どもたちも幼少期から親と共に餌づくりや手入れなど牛の世話をしていたことから、家族にとって牛は身近であり、家に居るのが当たり前であった。

渡部さんが営農していた小丸地区では、集落で協力して草刈りや用水路の整備を行っていた。そうした作業中も牛の話題がよく取り上げられ、刈った草は牧草として牛たちの餌に提供されていた（写真4・3）。

浪江町津島地区で牛飼いをしていた双葉組合の一員である三瓶専次郎さんも、地域住民の田畑から出た雑草を牧草として提供してもらっていたと話す（16・8・25）。また、地域住民間の会話でも牛を売買する値段や出産などが出て、お互いに情報交換を行っていた。このことからも、牛が双葉地域住民にとって身近な存在であると同時に、生活の中心となる大切な存在であり、常日頃から親密にかかわっていたことがわかる。双葉地域には牛を中心としたコミュニティが存在していたといえる。

2　「屠ること」と殺処分の相違

2.1　なぜ牛を売り渡すのか

そのような牛との親密な関係を日常的に築くと同時に、牛飼い、つまり繁殖農家は畜産業を営んでいる以上、牛たちを屠ることを肯定しなければならない。牛飼いにとって牛を飼うことは、本来の役割を果たすために牛を売り渡すことを意味し、「出荷」「出す」とも言われる。それは、成牛を手放したり、幼牛を肥育農家などに売る間接の売買も含まれる。

双葉地域の恵まれた気候によってすくすく育ち、十頭十色に成長した牛を出荷するとき、常日頃から親密にかかわっていた牛飼いの人々の胸中を察すると、それはとてもつらい瞬間であろう。だが、生業である以上「名残惜しい」「かわいそう」と感傷的になって手放せない人は、牛飼いになれないのである。

日常的に多くの時間を牛の世話に費やし、生後間もない子牛から数百キロの体格になるまで、まるでわが子のように愛情を注ぎ育て上げる。牛飼いの人々は、牛が生まれてからずっと家族のように接しながらも、人間や犬・猫などの愛玩動物とは別の「産業動物」と認識することで、一線を画している（内藤 2011; 16・5・24横田さん）。

三人の牛飼いは、こうして一頭一頭としっかり向き合い成長を見きわめながら、自分たちの中で安易な擬人化をせず、生業として牛を屠ることを肯定していることが、聞き取り調査を進めていくなかで見えてきた。

2.2　原発事故と被曝による殺処分

牛の殺処分の原因となったのは、東日本大震災による福島第一原子力発電所の爆発事故である。原発事故がもたらした双葉地域の被害を見ていく。

２０１１年3月11日、東北の太平洋沿岸地域は津波に襲われたが、福島第一原発はそれ以上に重大な影響を、立地・隣接する双葉郡と近隣市町村に与えた。双葉郡だけではなく、風の影響などで、福島県の浜通りから中通りにかけての北西方面に、福島第一原発から放出された放射性物質が拡散されていった。つまり、放射能汚染地域は双葉郡だけにとどまらず、南相馬市や飯舘村、田村市、川俣町などの近隣市町村に及び、汚染が拡大した。多くの住民に強制的に避難命令が出され、故郷を追われることになった。

震災から6年が経過しても、福島第一原発から20キロ圏内の多くの地域が放射性物質に汚染されて人の居住が困難なままの状態である。特に帰還困難区域では高線量を記録しており、なかには人間の一年間の被曝線量限度を半日程度の滞在で超えてしまう地域もいまだに存在する（復興庁ＨＰ、福島県ＨＰ）。

このように東日本大震災による原発事故のために、広域にわたって故郷を奪われてしまい、元の生活に戻るどころか、自宅に立ち入ることさえ許されない地域住民が大勢存在する。しかも原発事故は、地域や人間だけではなく、飼養されていた牛たちにも影響を及ぼし、２０１１年5月、原発20キロ圏内の家畜の殺処分命令が国から下された。国・県の責任で家畜を捕獲し、所有者の同意を得て獣医師のもとで安楽死させることになった（朝日新聞 2011. 5.1 3）。

2.3 殺処分を受け入れる悔しさ

原発事故により被曝し、身体に影響が及んだ牛たちはどのように事故後処理され、牛飼いの人々はそれをどう受け止めたのだろうか。

「体力的に飼養断念すんのはしゃあねえ。んでもまだ何年もできたかもしんねえのに、一瞬にして無惨にもすべて奪われてとどめ刺されたのが悔しくてしょうがないわなあ」（16・5・24）。

双葉組合職員の横田さんは悔しい気持ちをそう吐き出した。横田さんは自身も繁殖農家として牛を飼養していた。原発事故発生後、断腸の思いでそれを受け入れた一人である。苦渋の選択を強いられ、殺処分に同意したのにはどのような理由があったのか。

最大の理由は、地域住民の生活を守りたいと想う気持ちである。国からの避難指示が発令されたときに、自分が避難する前に牛を柵の外に放した飼養主がいた。また餌がなくなり、空腹に耐えかねて柵を越えて外に出た牛もいた。これらが放れ牛（野良牛）となって、無人になった人間の住宅に侵入し始め、庭先などをめちゃくちゃに荒らしてしまったのである。

そのような事態を畜産農家、ましてや組合職員として見逃すことはできなかった。現状悪化を食い止め、将来を見通して被害を防止するために牛の殺処分に同意するほかなかったのである。

また、自分が飼養していない牛の最期を飼養主の代わりに見送る仕事も行った。他の牛飼いのなかには、理不尽に下された殺処分命令を泣く泣く受け入れはするものの、目の前で自分が飼養していた牛たちが息を引き取る姿を見たくないと、最期の瞬間に立ち会わない人々も多くいた。横田さんは組合職員として代わりに立ち会い、牛たちの最期を看取った。

「牛たちもよ、わかるんだよな、何となく状況がさ。涙を流すんだよ」（16・5・24）。

横田さんは当時の牛たちの涙を流す姿を見て、申し訳ない気持ちと悔しい気持ちが入り混じったと語る。

2.4　牛飼いの存在意義の喪失

牛飼いの人々は、牛が迎えるのは「死」であることは同じであるにもかかわらず、なぜ屠ることを肯定し、殺処分は非業の死であると否定するのだろうか。牛飼いの存在意義の面から二つの「殺す」の相違点について考えていきたい。

牛飼いの人々は畜産業を営む身として、地域産業の振興やブランド力の向上など、地域や組織のために貢献してきた。高い収入が得られることや、質の高い和牛を育て上げるやりがいや意欲が、牛飼いとしての誇りと生きがいを確立してきた。つまり、牛が屠られて人間に役立つことで、自分たちの存在意義を示すことができる（佐野 2011: 83）。

だが、牛たちを屠るのではなく、殺処分されてしまうとどうだろうか。ブランド力向上どころか、地域産業としての畜産業が存続できなくなってしまう。また、牛飼いとしての収入や誇りを断たれ、自らの存在意義を失ってしまうのである。口蹄疫によって牛を殺処分した宮崎の畜産農家に聞き取りをした佐野は「『牛飼い』の『存在意義を否定されたような』経験」と述べている（佐野 2011: 83）。屠ることも殺処分も、どちらも牛が最後に迎える結末は「死」である。だが、屠られて人間の生活に役立つのと、牛が本来持つ役割を全うしないまま殺される殺処分では全く意味が異なる。殺処分は地域や組織の成員としての牛飼いの存在意義そのものを否定されるに等しく、受け入れがたいのである。

3　殺処分のなかの相違

3.1　口蹄疫による殺処分

前節では屠ることと殺処分の違いを見てきた。では、他地域でなされた牛の殺処分と同一視できるのだろうか。ここでは、宮崎県で過去に発生した口蹄疫による殺処分と原発事故による殺処分を比較し、その特徴を考えてみたい。

口蹄疫は家畜伝染病の一つであり、感染力の強い病気である。２０１０年４月、またたく間に宮崎県の広域に広がり、猛威を振るった。同年の８月27日に口蹄疫終息宣言が出されるまでに、宮崎県全体で、飼養牛の約22％にあたる牛６万９４５４頭をはじめ、約29万頭の牛、豚などの産業動物が殺処分される感染規模となった。２０００年３月にも、国内で92年ぶりとなる口蹄疫が同じ宮崎県で確認され、県内で35頭の牛が処分されたが、２０１０年の口蹄疫の蔓延は比べ物にならない被害を出したのである（宮崎県ＨＰ、宮崎県口蹄疫復興メモリアルサイト）。

家畜伝染病予防法では「第３章　家畜伝染病のまん延の防止」にのっとり、飼養主が自ら自分の牛を殺処分し埋却することが決められており、愛情を注いで育ててきた牛を自ら殺すしか選択肢がなかったのである（佐野 2011）。

3.2　口蹄疫と被曝の共通点

感染病と原発事故による被曝で、殺処分にされる理由こそ異なるが、牛飼いの人々にとって共通することがある。それは、出生時からわが子のように愛情を注いできた牛たちが、本来なら全うする役割を果たせずに、理不尽に生命を奪われることである。牛は産業動物として育てているのであって、殺処分するためではない。それにもかかわらず、経済的に貢献しないまま最期を迎えてしまう。

また、屠ることと殺処分の違いに表れた牛飼いの「存在意義」の喪失も共通する。口蹄疫と被曝という、殺処分に至った原因は異なるが、牛を奪われたことに変わりはない。牛がいなくなっては、牛飼いの存在意義を否定されてしまうのである。役割を全うしないまま牛を殺処分されてしまった点で、宮崎県と双葉郡は類似する。

3.3 放射能汚染の大きな相違点

しかし、宮崎の口蹄疫による殺処分と、双葉地域の被曝による殺処分には、そもそも大きな違いが存在する。それは、双葉郡という「地域」そのものが一瞬にして奪われてしまったことである。口蹄疫は日常の中に潜んでいる家畜感染病が強い感染力で広がり、宮崎県を苦しめた。だが、人などに感染することはなく、ウイルス蔓延を防ぐ対策として消毒など衛生面の強化が行われたが、ある地域が封鎖されるには至らなかった。もちろん甚大な被害が出たのは真実であるし、牛飼いの人々が心に深い傷を負ったことには変わりない。

だが、東日本大震災はどうだろうか。福島第一原発から高濃度の放射性物質が拡散したことにより、目に見えぬ放射能の影響で、牛は殺され、牛飼いは仕事を失った。原発事故は、牛飼いの人々をはじめ地域住民の生活に終止符を打たせたのである。故郷を根こそぎ奪われるほどの事態は、これまで起きたことがなかった。

このように、牛や仕事だけではなく双葉という「地域」そのものが奪われたことで、供養とは異なる想いが加わり、慰霊碑の建立へとつながったのではないか。

実際に聞き取り調査から得られたのは、双葉に供養文化とでも呼べるような風土が根ざしていることであった。次節では、牛と長く共生してきたことで根づいた供養文化に双葉の地域性を見ることで、慰霊碑建立の真意を考えていきたい。

4　牛の慰霊碑に込められた継承の想い

4.1　双葉に根づいた文化

動物の供養において「畜生供養」という言葉が存在する。畜生とは仏教用語であり、一般に人間以外の獣《けだもの》や鳥虫魚類を総称し、特に人に飼われ生きている動物も含む。さらに仏教では、六道（六趣）を説いているが、その中に家畜を含めた動物の世界を指す畜生道がある。

民俗学者の松崎圭によると、軍馬供養のルーツは「飼育していた馬が命を落とした折に、人びとは観音菩薩の変化身であり、畜生道の守護仏としての馬頭観音を彫った供養塔を立てた」行為であるとしている（松崎 2009）。

馬頭《ばとう》観音は畜生道救済の観音とされ、昔から軍馬だけに限らず、多くの生き物の冥福・成仏を祈って祀られていた。双葉地域にも、かつて馬の飼養が主流であった頃から、死んだ動物の供養として馬頭観音を祀っていた。また集落によっては牛魂碑も存在し、元の双葉組合の事務所脇にも観音塔と並んで置かれている。

では、観音様と牛魂碑は何が違うのか。ここでは、三瓶さんの故郷である浪江町津島地区の文化を見てみよう。

津島地区では、四月に僧侶を呼んで観音様に祈願する文化がある。畜産農家の人々が、各々お餅を持参して観音様にお供えをする。その後、農家ごとにお餅を交換して自宅に持ち帰り、人と牛で分け合って食べるのである。ここから牛が大切に扱われていた歴史がうかがわれる。これは、人と牛の「安産祈願」や「健康祈願」を行い、幸せを祈願する文化である。これは人と同様「生きている」牛を対象とする祈願である。それに対し牛魂碑は、人間のためにその身を犠牲にして「死んだ」牛を対象とする供養である。

このように双葉地域には、祈願の文化と供養する文化という、「生」と「死」両方の文化が根づいており、双葉地域の生活に牛が欠かせない存在であったことを示している。

故郷の地に建立された慰霊碑に込められた牛飼い、そして組合の人々の想いにはいったいどのようなものがあったのだろうか。

4.2　祈願と供養の想い

双葉組合は原発事故後、いわき市に移転した。牛の慰霊碑建立は、双葉組合の独自事業であったが、震災以前組合の事務所があった場所が帰還困難区域になってしまい、建立場所は富岡町の工業団地となった。組合職員である横田さんは、役割を全うしないまま殺処分された牛を供養したいという強い想いだけではなく、慰霊碑が今を生きる双葉の人たちにとって大きく三つの場所になってほしいと期待している。

一つめは、再生を誓う強い意志を継承させてくれる場所である。原発事故によって地域もろとも奪われてしまい、地域の生活が「無」に帰したことは先に述べた。畜産業をはじめとする地域産業を再興するどころか、人間の居住さえままならないのが現状である。

それでも、何年かかっても自分たちの故郷を取り戻そうとする強い意志を、一緒に地域の歴史をつくってきた牛たちが眠るこの場所を訪れることで、地域住民に持ち続けてほしいと考えている。

二つめは、過去の牛たちとの出来事（苦労・喜び・畜産農家として切磋琢磨した誇り）を思い出させてくれる場所である。地域、仲間、そして自分と家族のために牛の出生と成育に日々苦労し努力したこと、双葉市場における仲間であり、良きライバルである牛飼い農家と競い合ったこと、市場で売れて努力が目に見える形で返ってきた喜び、牛飼いの仕事への誇りなど、震災前には確かにそこにあった地域の生活、そして牛飼いとしての自分自身の存在意義などの記憶を、牛の慰霊碑が思い返させてくれる。ここを訪れることで今まで歩んできた歴史を忘れないでほしいという願いである。

そして三つめは、震災前に生活を共にした牛たちに会える喜びや落ち着きを得る心のよりどころとしての場所である。いなくなってしまったが、牛たちの魂が確かにここに眠っているのである。つまり、この慰霊碑を訪れることで牛たちと再会し、震災前まで当たり前であった日常の気持ちに少しでも戻り、落ち着いてほしいという願いである。

このように、牛の慰霊碑には、殺処分された牛たちの供養という本来の想いだけではなく、今を生きる地域住民のこれからを祈願する三つの想いも込められているのである。

おわりに

調査を進めていくうちに、双葉には生者に対する祈願の文化と死者、すなわち家族同然の動物に対する供養の文化という、「生」と「死」の霊性の文化が伝統的に根づいていることがわかった。これらは、牛たちと120年以上共生してきた双葉だからこそ引き継がれてきた文化であり、双葉という地域性を表す象徴の一つと考えることができる。

牛飼いの人々の語りを照らし合わせると、牛の慰霊碑建立の背景には、双葉地域の「生」と「死」両方の伝統文化が関係していることがわかってきた。双葉の象徴である「生」と「死」の文化を継承することで、原発事故によって根こそぎ奪われてしまった双葉という故郷の「地域」としての存在を証明するのが、牛の慰霊碑のもう一つの機能ではないだろうか。

参考文献

伊藤翔太郎 2016「原発避難区域で殺生し続ける―猟友会のマイナー・サブシステンス」金菱清編『呼

び覚まされる霊性の震災学――3・11生と死のはざまで』新曜社: 147-177.
木村至聖 2015「近代産業における『非業の死』はいかに記憶されるか」『日仏社会学会年報』26: 17-30.
松崎圭 2009「近代日本の戦没軍馬祭祀」中村生雄・三浦佑之編『人と動物の日本史4　信仰のなかの動物たち』吉川弘文館: 126-155.
内藤理恵子 2011「ペットの家族化と葬送文化の変容」『宗教研究』85(1): 151-173.
佐野市佳 2011「口蹄疫から見える畜産農家の『ジレンマ』―『牛飼い』農家の事例から」『関西学院大学先端社会研究所紀要』6: 77-89.
菅原優 2016「生ける死者の記憶を抱く―追憶／教訓を侵犯する慰霊碑」金菱清編『呼び覚まされる霊性の震災学――3・11生と死のはざまで』新曜社: 25-48.
E・フェルトカンプ 2009「英雄となった犬たち―軍用犬慰霊と動物供養の変容」菅豊編『人と動物の日本史3　動物と現代社会』吉川弘文館: 44-68.
山田弘司 1998「行動生態学と擬人化」『動物心理学研究』48(2): 217-232.
依田賢太郎 2015「東アジアにおける動物慰霊碑をめぐる文化」『東海大学紀要』12(3): 54-59.

参考資料

福島県HPhttps://www.pref.fukushima.lg.jp/（2017.1.13 取得）
福島市防災サイト http://bousai.city-fukushima.jp/index.aspx（2017.1.15 取得）
復興庁HPhttp://www.reconstruction.go.jp/（2017.1.15 取得）

双葉郡未来会議 http://futabafuture.com/futaba-gun/（2017.1.15 取得）
浪江町ＨＰhttp://www.town.namie.fukushima.jp/（2017.1.23 取得）
富岡町ＨＰhttp://www.tomioka-town.jp/（2017.1.23 取得）
浄土宗ＨＰhttp://jodo.or.jp/index.html（2017.2.1 取得）
NHK ONLINE 解説アーカイブ http://www.nhk.or.jp/kaisetsu-blog/100/211286.html（2017.2.15 取得）
田中畜産の牛飼い記録 http://blog.tanatiku.com/（2017.5.30 取得）
独立行政法人 家畜改良センター HP http://www.nlbc.go.jp/（2017.5.27 取得）
畜産 ZOO 鑑 http://zookan.lin.gr.jp/kototen/index.html（2017.5.27 取得）
仏像ワールド http://www.butuzou―world.com/（2017.2.1 取得）
宮崎県ＨＰ「平成22年に宮崎県で発生した口蹄疫に関する防疫と再生・復興の記録 〝忘れないそして前へ〟」概要 http://www.pref.miyazaki.lg.jp/shinsei-chikusan/shigoto/chikusangyo/documents/000190043.pdf（2018.1.10 取得）
宮崎県口蹄疫復興メモリアルサイト（2018.1.10 取得）
https://www.pref.miyazaki.lg.jp/shinsei-kachikuboeki/shigoto/chikusangyo/h22fmd/index.html（2018.1.10 取得）

第5章

原発事故関連死の遺族が「あえて」声を上げたのはなぜか

——原発避難者としての自己確立

佐藤　千里

はじめに

東日本大震災と福島第一原子力発電所の事故によって周辺地域は放射性物質に汚染され、政府の避難指示が出され、現在まで人の立ち入りや居住が制限されている。福島県内を中心に全国に避難した人びとを、原発避難者と呼ぶ（以下、避難者）。またそうした避難者の中で「原発事故に伴う避難の過程で死期を早めたケースを〝原発事故関連死〟」（福島民報社編集局 2015:1）と位置づける。復興庁によると、２０１７（平成29）年９月までに原発事故関連死数は１都９県で合計３６４７人であり、そのうち福島県は２２０２人と公表された（復興庁ＨＰ）。そのほとんどが原発避難者と推定される（丹波 2014）。

原発避難による疾病の悪化や生活苦が原因で大切な家族を失いながらも、沈黙する遺族が多いなかで、声を上げている遺族の存在があった。本章では、原発事故関連死遺族がなぜ声を上げることができたのか、困難の予想される活動をなぜ「あえて」続けているのかを明らかにしたい。

1　原発避難者たち

1.1 声を上げた関連死遺族

そもそも原発事故に関連する死者の遺族（以下、原発事故関連死遺族）の多くは、自身が原発避難者であると周囲に知られることを恐れている。それは素性が知れ渡ると、差別や偏見が生じる恐れがあるからである。原発避難者たちにとって「声を上げる」ことは、避難生活がいっそう困難になることを予想させる。

そうした状況で、声を上げ続ける遺族の存在があった。原発事故後、夫を亡くした五十崎栄子さんである（扉の写真）。大切な人を失ってしまった悲しみははかり知れないものであるが、そのような過酷な状況で五十崎さんが声を上げ始めたのは、原発事故関連死遺族としてメディアに取り上げられたことがきっかけであった。それを機に東京電力に対して訴訟を起こすこととなった。

その後も五十崎さんは、自治会や講演会などで「あえて声を上げること」を続けている。自らを原発避難者であると公言するというのは、本章で述べていくように、自身の首を絞めるに等しいのではないか。それにもかかわらず、なぜ彼女は「あえて」声を上げ続けているのだろうか。

1.2 原発避難者が声を上げない理由

原発避難者にとって声を上げることが当たり前ではなく、なぜ「あえて」なのか、さらに問うために、ある避難生活の事例を紹介したい。

震災以前、福島県浪江町に住んでいた三瓶春江さんの避難前後の生活から見ていこう。三瓶さんの故郷である浪江町津島は、原発から約30キロの距離にある。山々に囲まれ自然豊かな土地であった津島では、その地で穫れた作物が食卓に並び、それらを近隣の人たちと分け合う「おすそ分け」文化が存在していた。

震災以前は野菜や米などを買わずにすむ自給的な生活をしていたが、震災後、故郷を離れて一家で福島市に移り住んだ。三瓶さんは、「物を買わなければ生活できない」という現実に向き合わざるを得なくなった。また、未知の近隣の人たちとご近所づきあいをする必要や、自治会への加入など、地域コミュニティに馴染むためにゼロから努めなくてはならなかった。震災以前の日常を取り戻すためには、原発避難者の前にさまざまな難題が立ちはだかっていた。春江さんは言う。

「どこの家にもエアコンなんてなかったし必要ないもの。でも今はエアコンがないといけない……生活費がばかにならない」(16・11・22)

震災以前とは生活様式が一変し、原発避難者の震災後の生活費は以前の倍以上に上る。新たな避難先への交通費や、避難先の家で必要な生活用品を購入するなど、生活など生きてゆくために原発避難者には重い生活費負担がのしかかる。

震災後に家族が亡くなった避難者に対して、医師らは震災関連死の認定を受けるよう後押しする。ほぼ確実に弔慰金が支給されるにもかかわらず、かたくなに震災関連死の申請を出さない遺族もいる。それは家族の死を受け入れがたい悲しみや原発事故に対する怒りがある一方で、金銭目的と思われたくないために、申請すらためらうからである。

しかしこれらは単に、避難生活を強いられただけでなく、賠償金や国の支援を受けられる帰還困難区域等からの「原発避難者」であることを意識したためであり、外部の人々から金銭目的と思われたり、原発避難者と知られることに敏感になっているように思われる。なぜそこまで恐れ、過敏になるのか。そこには彼らを取り巻く第三者の存在があった。

1.3 原発避難者というラベリング

第三者とは、原発避難者に偏見や差別の眼差しを向ける人々である。避難者たちが苦しみを経験した事例を挙げる。

2012年12月、いわき市内4ヵ所で、黒スプレーによる「被災者帰れ」の落書きが見つかった。また、2013年1月、避難者が入居するいわき市内4ヵ所の仮設住宅で車7台のガラスが割られたり、ペンキをかけられる被害が発生した。2016年には、中学生が避難先でいじめ被害に遭っていたことが明らかとなった（毎日新聞 2013. 5. 24）。

避難先での差別やいじめは、大人も子どもも関係なく、容赦なく起こる可能性がある。避難生活そのものが不安と隣り合わせであるうえに、避難先で受ける差別やいじめは、当事者だけでなく、他の原発避難者たちの不安も増大させた。一部の心ない偏見や差別のために、避難者たちは肩身の狭い生活を強いられることになった。

避難者たちに向けられた悪意をきっかけに、彼・彼女らの中で「自分は原発避難者である」という自意識が過剰になってしまった。それは原発避難者という負のラベリング（レッテル貼り）となり、彼らの足枷となってしまった。

原発避難者であることをよりいっそう意識させられ、日常生活の足枷となるのは、具体的にどのような状況であるのか。

1.4 心労を抱えて

「何を食べていいのかな…この色の服はだめかな…」（16・10・21）

國分美枝子さんは、福島第一原子力発電所から約20キロ圏内にある南相馬市小高区出身である。國分さん自身は、直接・間接に周りから「原発避難者だから…」と指摘されたことはない。それでも平穏な日常を取り戻すべく、自分は避難者だからと優遇されてはいけない、自制しなければいけないという思いのもと、周りの視線を気にして目立たないよう、つねにひっそりと生活している。

また、原発避難者は避難先の家に表札を出さないという話を聞き取りの中で多く耳にした。地域ごとに固有の苗字が存在することから、苗字を見て、出身地が知られてしまう可能性があるためである。原発避難者であることで差別やいじめを受けるのではないかという恐れから、被害に遭わないように用心しているという。

原発避難者らは先行きが見えない不安に駆られるだけではなく、周囲の視線をつねに気にして、「原発避難者である」意識が高まる結果、よりいっそう自分自身を追い込んでしまう。彼らは避難生活のストレスに加え、過剰にならざるを得ない自意識による心労も抱えて生活している。彼・彼女らが自ら声を上げようとはしないのはそのためである（堀 2014）。

2　社会とつながる原発避難者

2.1　原発避難によって大切な人を亡くす

原発避難者の多くがひっそりと生活を送るなかで、冒頭で紹介した五十崎栄子さんは対照的に声を上げ、積極的に社会とのつながりをもち続ける原発避難者であり、遺族である（以下、五十崎さんまたは栄子さんと略記）。

栄子さんは原発事故後、夫の喜一さんを自死で亡くした。大切な人が自ら命を絶つという壮絶な体験によって、遺された家族は深い悲しみに陥る。しかし五十崎さんには悲しみの渦の中をさまよい続ける時間はなく、常に前を向き、東電に謝罪を求めて裁判を起こし「原発事故関連死」遺族として声を上げ続けた。

原発避難者が自ら声を上げるのは、多くの原発避難者とはかけ離れた行動である。栄子さんは、なぜそうしたのだろうか。震災後の避難生活を見ていこう。

栄子さんの夫である喜一さんは原発事故後、先行きの見えない避難生活に不安を感じ、うつ状態になるほど悩み苦しんでいた。喜一さんは原発関連会社を58歳で退職した後も、嘱託として65歳まで福島第二原発の定期検査などに従事していた。被災したのは退職してから2年目の67歳、趣味の釣りや、畑づくりのために知り合いから土地を借りるなど「第二の人生」を歩もうとしていた矢先であった。

栄子さんは夫と義母、孫の4人で浪江町から二本松市へ移り避難生活を始めた。しかしその直後、義母は認知症になり、毎日百回以上「いつになったら帰れんだ」と口にするようになった。夫は糖尿病を患っていたが、薬も持たないまま避難先に移動してしまったため、持病が悪化し、足のしびれや不眠に悩まされ、のちにうつ状態に陥った。

栄子さんは夫の持病を心配し、避難所の医療班に連れて行ったが、喜一さんは薬を処方されてもそれを受け入れようとしない。

「うちの人はもうかかりつけのお医者さんのお薬じゃないと納得しないのよ。いくら薬もらったってこの薬じゃダメって。成分は一緒でもメーカーさんが違うと、これは一緒だよって言っても納得しないの」（17・9・11）。

喜一さんは浪江町の病院の医師からもらった薬でなくては自分は治らないと思っていた。それほどまでに、故郷である浪江町に帰りたがっていたのである。

震災当時、五十崎さんの孫は高校生で、野球部に所属していた。震災以前、喜一さんは部活動に励む孫をわが子のようにかわいがり、熱心に応援していた。しかし震災後、うつ状態になった喜一さんが孫に声をかける姿は見られなくなった。また、初めて先発投手として試合に出るとき、家族で応援に行こうという誘いを喜一さんは最初断った。震災以前であれば二つ返事が返ってくるはずであったが、家族の説得でしぶしぶ承諾し、応援に行くことができたという。

しかし亡くなる前日、喜一さんの表情は明るくなり、孫に対して震災以前のように振舞う姿があった。「お父さん元に戻ったよね」と孫の友人も言うほど、うつ状態が一変し、改善に向かっているように感じられた。しかしその矢先の自死であった。その日、喜一さんは朝早く車で家を出て行ったきり、夜になっても帰ってこなかった。喜一さんは南相馬市まで車を走らせ、飯舘村にある真野ダムから身を投げた。２０１１年7月23日、享年67歳であった。

ダムで車が見つかったとき、ガソリンはほぼなくなっていたという。前日に喜一さんは孫と一緒にガソリンを入れたばかりであった。二本松市から南相馬市まで、ガソリンがなくなるまで車を走らせ、何を思ったのだろうか。自ら命を絶ってしまうほどに原発避難者が抱えていた苦悩の深さ、心の闇ははかり知れないものであった。

喜一さんは退職以前、原発資材作業員の仕事をしていた。原発に対する危機感は強く、事故前は「原発は、今はいいけど、何か起きたらもうだめだ」と口にしていた。それが現実になってしまった。日常が非日常に変わる、恐れていた出来事が起きてしまったのである。突然の避難生活、持病の悪化、認知症になってしまった母という緊急事態に加え、孫の進学費用、まだ残っている住宅ローン、それらの悩みは夫に大きくのしかかっていた。

夫の死後、それらの問題は栄子さんが引き継ぐことになった。裁判や賠償金を受け取る手続きや孫の卒業式、認知症の母と夫の弟の介護など、さまざまな問題に直面させられた。早くこの状況から抜け出したい一心でそれらをこなしてきた栄子さんは、この4～5年間を「自分自身よくやってきたな」と振り返り、「日常的にやらないといけないことだらけの生活の多忙さに、夫の死を悲観している時間がなかった」と語った。

2.2 遺された家族のためらい

原発避難後に大切な人を失った五十崎さんであるが、栄子さんの口からは「前を向かなければ」という言葉が多く発せられた。震災後、前に進まなければと強く決意したのは、東電と裁判で争うと決めたときであった。

当然ながら、それにはためらいがあった。そもそも訴訟には費用と時間がかかり、安易に進めることはできない。すでに述べたように、避難先で原発避難者であると知られるだけで、周囲から偏見や差別の眼差しにさらされたり、金銭目的ではないかと疑いを持たれるなど、精神的負担が予想される。そうした背景もあり、原発避難者たちは集団訴訟という形で国と東電の責任を追及している。集団訴訟は少なくとも全国で27件に上り、原告は1万1400人を超えるという（河北新報 2017. 3. 9）。しかし、五十崎さんは個人で損害賠償の裁判に臨んだのである。

裁判を起こす決断には、時間を要した。栄子さんも原発避難者であることで、周囲の視線に敏感にならざるを得なかったためである。また、夫が生前、原発資材作業員として原発関連会社に雇用されていたことも、声を上げづらい理由のひとつにあげられよう。

裁判の中では、夫の死の無念を晴らしたい思いと今後の生活に起こり得る変化への不安の間で、葛藤する日々が続いた。

それは、五十崎さんの一家が原発避難者であることだけでなく、栄子さんが「原発事故によって夫を自死で亡くした妻」と知れ渡ることで、新たなスティグマ（烙印）を負う恐れがあることだ。また、周囲の視線によって生活が左右される悪影響が生じたり、原告という肩書きから先入観を持たれてしまう恐れもある。

しかしそれらをすべて考えた上で、「前に進むしかないと決めた」と五十崎さんは語った。この「前に進むしかない」という言葉には、誰に何を言われようと、振り回されることなく裁判をやり遂げようという決意が込められていた。それは同時に、今後の生活に起こりうる変化への不安に立ち向かおうとした意思の表れといえよう。

3　モラル・プロテストとして声を上げる

3.1　前を向く決意

五十崎さんにとって裁判で東電と争うことや自身が原発避難者であると公言することは、今後の生活を脅かされかねない点で、自分の首を絞めるように思われる。そのような状況のなかで、あえて声を上げた五十崎さんの行為をモラル・プロテストの視点に立って分析したい。

モラル・プロテストとは、「人間存在や生き方に焦点をおく運動」（成 2001）をさすが、社会的弱者や被害・加害の関係によって虐げられた人々が暮らしの中で新しい生き方を実践することとされる。成元哲は「モラル・プロテストとしての環境問題」のなかで、環境問題および水俣病患者などの住民運動について論じている。

「『被害者運動』や『住民運動』をたんに社会的弱者による生活防衛や権利向上の運動として捉える、これまでの類型的な枠組みを取り外すことが戦後の環境運動を捉え直すスタート地点となるということである。昔も今も被害者や住民による運動は発生し続けている。しかしその運動を紋切り型の『被害者』や『住民』として行う運動の側面だけに限定してしまうのではなく、それらの運動が切り裂く社会の闇や矛盾をはらんだ日常の諸実践をどのように相対化して捉えるのかが今、問われている」（成 2001: 126）。

モラル・プロテストは、環境・公害の加害者である強者に抗う社会的弱者の日常生活を社会全体に接続させて、私たちに考えさせる機会となっている。

3.2 恐れを受け容れる

五十嵜さんの原発事故関連死遺族としての立場を考えれば、訴訟を起こすことは当たり前でもなければ、最善策ともいえないことは明らかである。これまで述べてきたように、負のレッテルを貼られ、将来の生きづらさにつながる恐れがあるためである。

しかし、決断を迫られた五十崎さんは、「自分が声を上げることで、声を上げたくとも上げられない原発避難者が後に続くことができるのでは」という思いに至った。そのためには、自身が原発避難者だということや、夫を喪った悲痛な経験を世間に知られることも受け容れざるを得なかったといえる。

五十崎さんは自身に降りかかるであろう恐れや不安と向き合い、受け容れた上で声を上げようとしたのである。モラル・プロテストの視点から見ると、ここに恐れを受容して前を向こうとした五十崎さんの生き方が表れているといえよう。

4　原発事故関連死遺族としての生き方

4.1　亡き夫への謝罪を求めて

五十崎さんがどのように「声を上げる活動」から新たな生き方を見出したのか、その経緯を見ていこう。「声を上げる決意」を固め、裁判を行うきっかけとなったのは、『河北新報』(2012.5.11) のある記事であった。

震災後、仮設住宅を訪問して「避難生活による死」を取材していた記者が「夫を自死で亡くされた原発避難者」として栄子さんの存在を知り、避難先を訪問したのである。そしてこの記事を見た弁護士に声をかけられ、夫の死から一年あまり後の２０１２年９月東電を相手に損害賠償訴訟を起こすことになった。栄子さんが東電に一貫して求めてきたのは、亡き夫への謝罪であった。五十崎さんは公判中もさまざまなメディアに取り上げられた（ＮＨＫハートネットＴＶ 2014. 7.8, 朝日新聞 2012. 9. 18など）。

その後、福島地裁は15年6月30日、喜一さんの死と原発事故事故との因果関係を認め、東電に２７００万円を支払うよう判決を下した。東電は７月９日、控訴しない方針を明らかにした。東電側はその理由を「判決内容が妥当なものであり、いたずらに訴訟を長引かせる必要はないと判断した」と説明した。

7月13日、当時五十崎さん一家の住まいがあった福島県二本松市に、東電の社員3名と代理人弁護士の4名が訪問し、仏前にお花を供えて謝罪した。五十崎さんの願いであった東電の謝罪が現実のものとなったのである。

4.2 受容の論理によって生まれた自己確立

「夫に謝罪してほしい」という願いがかなった後も、五十崎さんは知人たちから原発事故の惨禍や現状を伝えてほしいと頼まれた。

原発避難者として語ることを断ることも可能である。しかし五十崎さんは自身に降りかかる偏見や

写真 5.1　自治会の活動
（右）2016 年春（左から 2 人目が五十崎さん），（左）2016 年 11 月　五十崎栄子さん提供

差別への恐れや不安を考慮した末に、講演を引き受けた。再び腹をくくり、あえて声を上げ続けることを選択したのである。

五十崎さんの生き方は、今後何をしていくべきかにあった。現在取り組んでいるのは、各地での講演活動や、原発避難者らのコミュニティづくりやNPOまちづくりなど、原発避難者の経験を活かせるものである（写真5・1、5・2）。自分自身の中で「原発避難者であること」を否定的にとらえるのではなく、肯定して置き換えていることがわかる。ここには受容と転換の論理が働いていると考えられる。

多くの原発避難者は避難してきたことを「あえて」周囲に明かすことはしない。先に「負のラベリング」と呼んだが、彼・彼女らの生活において「原発避難者」とレッテルを貼られることはマイナス要素となる。多くの原発避難者が平穏な日常を取り戻すために、そのラベリングを排除するよう、声を上げずひっそりと生活することが選択された。

しかし五十崎さんは原発避難者、そして原発事故関連死遺族であることを受容したうえで、自らそれを自身の生き方に選んだ。選択の背景には、「前に進まなければ」「周囲に振り回されない」という決意

写真 5.2　自治会会員と他県の原発避難者との交流会（2017 年 10 月　同上）

があった。さまざまな活動に率先してかかわり「あえて」声を上げることが、新たな生き方になったことがうかがえる。それと同時に、原発避難者としての自己確立ができたのである。ここでいう自己確立とは、原発避難者である彼女たちが、なかなか目に見えにくい不透明な社会や、不特定の他者のまなざしに左右されることなく、自分で自分をコントロールできる力である。

おわりに

一般に原発避難者たちはどのような生き方を送っているのか。原発避難者であるという自意識は過剰にならざるを得ず、日常の中で負い目を感じて生活をしているように見られた。そもそも彼らは原発事故の被害者であって、そう感じる必要はまったくないのである。それにもかかわらず、原発避難者というラベリングは足枷であり、原発避難者であることを知られないよう、差別やいじめを恐れながら、周囲の生活に馴染むよう試行錯誤していた。

あえて声を上げ続けてきた五十崎さんであるが、当初は原発避難者と公言することに恐れやためらいがあった。それが可能になった背景に、原発事故関連死遺族としての魂の生かされ方、つまり霊性があったのではないか。

たんに受け容れるだけでは自分や家族にとってマイナスでしかない。しかし彼女は原発避難者であるがゆえにできることがあるのではないかと考え、その経験を社会に活かせると置き換えた。その姿は、原発事故関連死遺族に降りかかるスティグマをいったん受容し、自身の中で腑に落ちるよう位置づけ直し、プラスに転換したように見えるのである。

五十崎さんは原発事故関連死遺族という立場から自身の生き方を見出したのであるが、「原発避難者としての自己を確立させること」は、原発避難者たちが負い目を感じることなく社会とつながる生き方を獲得することであった。

参考文献

福島民報社編集局 2015『福島と原発3　原発関連事故死』早稲田大学出版部

堀肇 2014「心と魂のストレスケア」（分科会1　心理カウンセリング的配慮）『聖学院大学総合研究所紀要』58: 83-86.

金菱清 2010『新 体感する社会学――Oh! My Sociology』新曜社

成元哲 2001「モラル・プロテストとしての環境問題」長谷川公一編『講座環境社会学第4巻　環境運動と政策のダイナミズム』有斐閣:121-146.

丹波史紀 2014「特集Ⅰ東日本大震災（12）～原発事故と自治体～原発災害における避難者の現状と課題」『消防科学と情報』116: 12-16.

参考資料

福島民報 2014.4.27「（72）絶望　追い込まれた命　糖尿病悪化眠れず　釣り、畑…生きがい奪われ」
http://www.minpo.jp/pub/topics/jishin2011/2014/04/post_9862.html（2017.12.31 取得）

福島民報 2014.6.5「東日本大震災１万８１９４件 過去最多　震災３年 深刻化　喪失感　孤独　自責の念…」
http://www.minpo.jp/pub/topics/jishin2011/2014/06/post_10127.html（2016.12.18 取得）

復興庁 2017.12.26「東日本大震災における震災関連死の死者数（平成29年9月30日現在）」
http://www.reconstruction.go.jp/topics/main-cat2/sub-cat2-6/20171226_kanrenshi.pdf（2017.12.28 取得）

河北新報 2017.3.9「〈原発避難〉集団訴訟の原告1万１４００人超に」
http://www.kahoku.co.jp/tohokunews/201703/20170309_73020.html（2017.12.28 取得）

内閣府 2016.7.20「平成28年版高齢社会白書　６高齢者の生活環境」
http://www8.cao.go.jp/kourei/whitepaper/w-16/html/zenbun/s1_2_6.html（2017.1.6 取得）

日経新聞 2015.7.10「原発自殺訴訟で控訴せず　東電、遺族に謝罪へ」
https://www.nikkei.com/article/DGXLASDG09H7C_Z00C15A7000000/（2017.12.31 取得）

ＮＨＫ福祉ポータルハートネットＴＶ「曖昧な喪失の中で―福島 増える震災関連自殺」

http://www.nhk.or.jp/heart-net/tv/summary/2014-07/08.html（2017.12.31 取得）

毎日新聞 2013.5.24「検証・大震災：福島・いわき市の現状　共生遮る誤解の連鎖」
http://mainichi.jp/graph/2013/05/24/20130524ddm010040016000c/008.html（2017.8.7 取得）

第6章

風が伝える亡き人への言葉

——風の電話のある空間の癒し

村上　寛剛

はじめに

岩手県大槌町に「風の電話」と呼ばれる白い電話ボックスがある。ここにやってくる人は電話ボックスの中に入り、黒電話の受話器をとって亡くなった人に話しかけたり、伝えきれなかったことを呼びかける。しかし、電話線はつながっていない。受話器を取っても音は聞こえず、誰かにつながることもない。そのため、風に乗せてメッセージを届けるという意味で、風の電話と呼ばれている。震災から6年たった今でも、訪れる人がたえない場所である。筆者自身も震災の津波で長兄を亡くしており、風の電話を利用させてもらったひとりである。

震災によって多くの人が亡くなった。津波にさらわれ、別れの言葉を伝えることができなかった遺族も多くいる。突然の別れが遺族の人々の中で喪失感となり、大きな悲しみとなっていた。遺族はそれを、どのように乗り越えていったのだろうか。

本章では、亡き人に一方的に話す風の電話がなぜ遺族の気持ちを落ち着かせ、悲しみを和らげることに役立つのかを考えていきたい。

1　風の電話のある空間

1.1　風の電話

岩手県大槌町にある小高い丘の上で、自然に囲まれた家の敷地に一つの白い電話ボックスがある。この電話ボックスは、震災以前に佐々木格《いたる》さんが建て、オブジェとして置かれていた。震災の前年に格さんのいとこが亡くなり、その家族の悲しみを目の当たりにしたことで、死者への想いを伝える「風の電話」と格さんが名づけた。現在のかたちに完成したのは、震災のあった2011年4月であった。

完成してすぐの頃は、風の電話をかけに来る人は少なかった。もともとオブジェだったこともある。風の電話のある場所には、最初はボランティアや観光客が多く訪れていた。日が経つにつれ、メディアで話題になったこともあり、風の電話をかけに来る人も増えてきた。そんなとき、観光客など見学目的の人たちが電話ボックスの周囲に多く群がっていたため、電話をかけに来た人がそのまま帰り始めた。亡くなった人に想いを伝えようと訪れたのに、多くの人を見ると嫌な思いがして帰ってしまうのだ。

このように、風の電話が特別なのは、癒されるという感覚の中に本来ある五感に加えて、「亡き人の気配を感じる」という感覚が含まれているからではないか。祈りにも通じるその感覚が、癒しにつながるのかもしれない。

1.2 風の電話をかける訪問者

風の電話がもたらす癒しとはどのようなものか。実際に電話をかけに訪れた人の語りをもとに、紹介しよう。

岩手県陸前高田市に住む佐々木一義《かずよし》さんは、東日本大震災の大津波によって奥さんを亡くした。震災のあった2011年の冬に風の電話を知った。

震災によって大槌町から図書館がなくなったため、ボランティアで本を集めて整理している人がいるという話を聞き、興味があったため、その人の家を訪れた。集まった本を見ていたとき、庭にある風の電話を見つけた。家主の佐々木格さんから「電話してみますか」と声をかけられ、電話ボックスに入って受話器をとり、奥さんに語りかけた。電話の後、格さんとお茶を飲みながら奥さんの話を聞いてもらった。

「風の電話のある庭の雰囲気や空気感、格さんに話を聞いてもらったことが一番の心の安らぎであったたね」(16・10・2)

一義さんは奥さんが近くにいるような気配を感じ、風の電話の受話器を通じていろいろと話をした。風の電話で話すだけで気持ちが安らぐ人もいるが、一義さんは風の電話がおかれた空間が醸し出す癒しを語ってくれた。

筆者自身、震災後に同年代の周囲の友達に長兄が亡くなったことを話すことはなかった。風の電話に行ったときは、伝えられなかったことや、今まで言えなかったことなどが、受話器を手にした途端すぐに自然と口から出てきた。その日の天気はあまり良くなかったのだが、電話ボックスを出たとき、軽い風に吹かれた。その風が言葉を運んでいってくれたような気持ちになった。

1.3　自然の空間

風の電話のある空間がどのようなものか、ここで紹介しよう。風の電話は、電話という機能が心の癒しにつながるだけではなく、その場所で電話することに意味があると思う人も少なくない。

風の電話は、標高の高い山の中にある。家主の格さんは、元々風の電話を使ってもらうために置いたのではなく、自分たちの悲しみを癒すためにこの場所をつくった。しかし、近しい人を亡くし、傷ついた人たちに開放して、癒しになればという思いから、見知らぬ人たちにも公開している。心地よい風が吹くことで、自分たちの言葉が伝わっていくのではないかと期待される。

一義さんも先に述べたように、当初は風の電話ではなく、格さんの集めていた本を見せてもらう目的で訪れた。一義さんが初めて訪れた頃は風の電話が広く知られる前で、電話をかけに来る人もあまりいなかった。その後、多くの人が電話をかけに来るようになったが、そのほとんどは電話をかけた後にすぐ帰ってしまうことが多く、格さんと話すことがない。一義さんは電話をかけるだけでなく、庭を眺めたり格さんに話を聞いてもらったことで、さらなる心の安らぎを得ることができた。

風の電話がある場所について一義さんは、場所という言葉を使わず、空間と表現していた。

「電話で話すということも癒しにはなったんだよね。だけども、それだけでなくその周りの森や花があってそれらがあって、風の電話なんじゃないかね」(17・11・26佐々木一義さん、佐藤ヒデさん)。

癒しを与える空間というのは、どのようなものなのだろう。さらに解き明かしていきたい。

2 風の電話のある場所

2.1 癒しの空間

風の電話が癒しの空間として認識されるのは、風の電話がある場所が大きく影響を与えている。

あるときお坊さんが来て、格さんに言ったそうである。


「この電話ボックスはいい場所にありますね。震災後、心のケアが必要だと町の中に相談所を設けたのですが、誰一人として相談に訪れる人はいませんでした。心理状態を理解せず、形を整えても駄目なのです。その点、ここの電話はケアを受ける人の気持ちをわかっていると思います」(佐々木 2017: 78)

藤原成一によれば、古代の大きな墳丘が時とともに自然の姿へと還ってゆくように、新しい墳丘も、循環流行する五大(地・水・火・風・空)のままに、自然に任せ自然の風光へと同化していく。人工が自然に包まれ、人工が自然と和していく(藤原 2003)。このことを風の電話にあてはめると、この空間は震災後に急ごしらえした場所ではなく、震災以前からあった自然に少しずつ人の手が加わったものであるが、時が経つにつれて、自然と一体となっていったのであろう。

このことから、人工物であっても一定の期間が経過することで、それが置かれた場所が自然と一体の一つの空間となり、その空間が及ぶ範囲で人は癒されることがわかる。

2.2 佐々木格さんの心意気

訪問者の一義さんが話すことを家主の格さんはただ聞いているだけだったが、それが気持ちを楽にしたと一義さんは語る。

「普段使っているような携帯電話で話したとしても、ほっとした気持ちにはならない。携帯電話を使っている今の時代に、電話ボックスを設置したということが、格さんの心意気なんじゃないかな」(17・11・26)。

話すだけならば携帯電話でもよいのではないかと思う人もいるかもしれないが、その答えはノーである。風の電話は電話線がつながっていないが、自然に囲まれている空間で話すことに意味があるのだ。風の電話がある場所では、家を建てる前からあった自然の草木や花を活用し、周囲をきれいに整えることで野鳥や野生の小動物をたくさん呼び込み、自然と一体になった環境がつくられている。また、風の電話では電話ボックスの中にノートが置いてあり、メッセージを残すことができる。話すことと書くことの二つの方法で亡き人に伝えたい想いを表すことができるのである。

震災後に風の電話に似せて他の地域で設置されたものの、あまり利用されていない他の電話がある。それらと比べて、どこが違うのだろうか。

震災前から格さんが自ら悲しみを癒し安らぐ場所を準備し、時間をかけて手を入れていったことで、周囲の自然と人工物である風の電話がうまく融合して、癒しの空間になったのかもしれない。逆に言えば、急いで似た施設を建てても、多くの人にとって癒しが得られる場所にはならない可能性がある。

震災前につくられた個人の庭に震災後、多くの人が訪れるようになったことに、違和感を覚える人もいるかもしれない。しかし、亡くなった人との対話は、どのような人にも有効な癒しであり、それが東日本大震災であろうとほかの理由であろうと、大切な人を亡くした者にとっては変わりがない。

3　それぞれの想い

3.1　死者との向き合い方

大事な人が亡くなるのは普通、とてもつらいことである。その悲しみや苦しみを誰にも話すことができずに精神が不安定になり、うつ状態になってしまった人が私の周りにも何人かいた。そうなってしまった後では、友達から「元気になって」などの励ましの言葉をもらっても、あまり意味がない。しかし周囲の支えは必要である。そのようなときに心が落ち着く空間に行き、亡き人に話しかけることで気持ちの整理がつく可能性がある。風の電話が存在する空間には、その役割を果たす力がある。

宮家準によると、自然に囲まれた空間には気持ちに安らぎを与える力がある（宮家 2007）。また震災のように、大切な人が突然亡くなった悲しみは、平常時の悲しみに比べ、回復までに長い時間が必要であると宮地尚子は指摘する（宮地 2013）。そうした人にはカウンセラーなどが寄り添う必要があるのだが、カウンセリングを受けられない事情もありうる。風の電話は、心に傷を負った人たちに寄り添う場という大きな役割を担っている。風の電話をかけに来ることによって、大切な人が亡くなった事実に向き合えるようになった人も少なからずいる。

金菱清は記録筆記療法について、次のように述べている。

「誰もいない場所で被災者が一人静かに書く作業を必要とする。しかし、それは一人ではない。亡くした肉親と共に行う協同作業として、被災者自身が位置付けている場合もある。書くことは死者との応答の場を作り出す効果も持っていた」（金菱 2014: 181-182）。

このように「書くこと」が亡くなった人との応答の場であるならば、風の電話の受話器を手に取って「話すこと」も同様に、気持ちの整理をつける可能性があるだろう。

近しい人が亡くなった事実に向き合ってきた人も、風の電話を訪問して話すことでいっそう心を落ち着けることができる。

3.2 一義さんの考え

一義さん自身が癒された経験から、大切な人を亡くした人に対して、風の電話の存在を案内してきた。

風の電話のある電話ボックスに入って、話す人もいれば話さない人もいるのだが、そこは個人の自由である。今まで抱えてきたことを吐き出した後は、ゆっくりしたいと思う気持ちがはたらく。ここまで述べてきたように、電話ボックスの置かれた庭は心が癒される空間となっている。そこで電話ボックスの外に出て、自然の空気を感じ野の草花を眺め、家主の格さんたちとお茶を飲みながら話すことで、安らぎを得ることができる。

「自分もいずれは死んでしまうのであるから、もし死んだときに亡くなった人と顔を合わせたときに相手に対して自分がしてきたことに胸を張って会えるようにしたいよね」（17・12・10一義さん）。

亡くなった人と向き合うことは、今を大切に生きるという気持ちにつながる。亡くなった人も、生きていればきっとそうしただろう、という思いを持つ。亡くなった人に対して、顔向けできないようなことはできなくなるのである。

一義さん自身もそうした想いがあり、自分のこれからの生き方を改めようとしたという。風の電話のある空間に行くことは、心が癒されるだけでなく、これからの生き方を再認識する機会にもなる。

4　風の電話のある空間のもたらす影響

当初、オブジェとして白い電話ボックスが置かれた庭は、佐々木格さん夫妻が手入れをして、そこを訪れた人に癒しを与える空間になった。自然に囲まれた心地よい空間というだけでなく、いつも気にかけて整備し続けている格さん夫妻の思いが、空間の性質を育んでいるのだろう。

雰囲気の良いその空間の性質は、風の電話を設置した格さん夫妻の人柄に関係している。人工物である風の電話が自然に溶け込み一体化するように整備できたのは、格さん夫妻がその場所を大事にする想いがあったからであろう。

哲学者の内山節は次のように説く。

「自然は、自然と自然、自然と人間という二重の交通の中に形成されている。そして、自然と自然の交通から生み出された世界が、ときに自然と人間の交通を助け、ときにそれを制約する。また同時に自然と人間の質が、自然と自然の交通を制約する。自然と関係を持ちながら同時に人間と関係をもつという性格、それは自然の二つの面でありながら、全体としてひとつの自然を形成している」（内山 2014: 200）。

このことから、風の電話という空間は自然だけでもなく、人工的なものだけでもない。森林浴にはない人工物も含みつつ、長い期間をかけて自然と人間の交通によって作られてきた空間だからこそ、他の場所に設置された電話とは異なり、癒しを得るといえる。

風の電話に来るのは気持ちの整理や癒しを得るためであり、ほかの人には話したくない思いというものもある。無理に話す必要はないが話を聞いてもらうことで、今まで溜めていたものを吐き出すことはできる。そのことで気持ちが以前よりも落ち着いて、穏やかな状態になる。周りに話せる人がいないために溜め込んでしまっていた人は、格さん夫妻に話を聞いてもらうことで気持ちが楽になるだろう。

写真 6.1　佐々木格さんの著書『風の電話』（風間書房 2017）

そしてそっとしておいてほしいと望む人には第三者としての立場をわきまえ、今まで抱えてきたことを吐き出した後にほっとしたい人にはお茶を用意して話し相手になるといった、格さん夫妻の細やかな思いやりが風の電話の魅力を大きくしている。

おわりに

大切な人を突然失い、心に大きな傷を負う。そのような場合、通常はカウンセリングを勧められる。しかし震災後、人に話すことをためらう人も少なくない。自分だけでなんとか整理をつけようとしても、うまくいかないのも当然である。

癒しを得る方法の一つに、森林浴がある。風の電話も森林浴の効果が期待できる立地にある。加えて、風の電話は亡くなった人との対話だけでなく、自分の心と対話できる装置でもある。対話によって心の奥を内省することで、気持ちを徐々に整理し、前を向かせることができる。これを霊性の空間と呼ぶことができるのではないだろうか。

風の電話のある空間や、そこを大切に守る人たちの思いやりに触れることで、沈んでいた気持ちは楽になる。この場所に足を運び、自然を感じることでカウンセリングとは別の、癒しを得ることができるのである。

参考文献

藤原成一 2003「五大の癒し空間―水御堂と墳丘庭」『日本大学芸術学部紀要』38: 15-32.
金菱清 2014『震災メメントモリ――第二の津波に抗して』新曜社
宮家準 2007「死者と生者の接点―民族宗教の視点から」『宗教研究』日本宗教学会編: 815-836.

宮地尚子 2013『トラウマ』岩波新書
佐々木格 2017『風の電話――大震災から6年、風の電話を通して見えること』風間書房
内山節 2014『自然と人間の哲学』農山漁村文化協会

参考資料

死別、喪の作業、死別ケア http://www.n-seiryo.ac.jp/˜usui/saigai/2011sanrikuoki_eq/grief.html（2017.2.4 取得）
毎日新聞 http://mainichi.jp/articles/160312/ddl/k02/040/211000c（2017.2.4 取得）

第7章
地域コミュニティにおける「オガミサマ」信仰
——魂のゆくえを見つめる人々

齊藤　春貴

年中行事のひとつ「虎舞」。多くの行事が行われてきた
（岩手県陸前高田市広田町長洞 2011. 1. 3 齊藤篤志撮影）

はじめに

「あんまり本当のこと言われっから、おら、涙。感動してしまって、あんまりにも当だっから。ほんっとに涙出てわがんねがった」（17・12・13齊藤ミヤ子さん）。

最愛の家族は、あの日何を想って旅立ったのだろうか。遺族たちはそれを知りたいと切に願っている。監視カメラが残されていればそれを知り得たかもしれないが、それもない。さよならも言わずに旅立った家族は、ただ交信する手段が断たれているだけで、物言わないがそばにいる。「協同する不可視の隣人」（若松 2012）であるという感覚をもつ遺族は多い。だが、遺された家族が亡き人と意思疎通を図ることは容易ではない。

陸前高田の周辺地域では、亡き人の想いを伝えたり、その後のあり方を知り得るすべがある。オガミサマと呼ばれる巫女（ミコ）による「口寄せ」（霊に代わってその言葉を伝えること）の信仰である。あの日どのように旅立ち、いまどうしているのかなど、亡き人の想いをオガミサマは伝えてくれる。そのことによって、亡き人とつかの間のつながりをもつことができる。このことは地域コミュニティに根づいた信仰と密接に結びついており、死者と生者との往来を可能とするような民間救済となって、人々に安心感を与えている可能性がある。

本章では、震災で家族を亡くした遺族を対象に、陸前高田市におけるオガミサマ信仰を通して、被災地において遺族たちはどのようにして「家族の死」を受け入れるのかについて明らかにしたい。

1　東日本大震災による喪失

1.1　遺族たちの証言

岩手県陸前高田市において震災で家族を亡くした遺族たちの証言は、家族の「死」を経験した一般的な考えとは少し異なっている。

現在も夫が津波によって行方不明である市内在住のKさんは、震災から7日目の夢の中で、夫が帰ってきたと話す。子どもの入学式に着くようなダブルのスーツを着た夫と玄関の前で会い「帰ってきたの？　これからどこに行くの？」と聞いた。その時の夫は笑顔だったが、何もしゃべらなかった代わりに紙を差し出してきた。そこには「外の絆」と書かれていた。夢の中で、夫はKさん一家の墓がある家の下の方向へ降りていった。その夢を見てからKさんは、もう夫がこの世にはいないことを感じ取った（16・6・25）。

同じく市内在住の息子を津波で失った母親のAさんは語る。

「今もいないなんて思ってないんです。人によっては『(そばで）見ていてくれる』とか『お星様になったんだ』なんて表現をする人もいるけど、人って見えるモノしか信じないじゃないですか。でも、たとえ見えなくなっても、いなくはないんだよ」（16・7・9）。

彼女たちは最愛の家族の死を受け止めているように見えるが、なぜこのような一般とはやや異なる

「死」のとらえ方に至ったのか。大切であり続ける家族という存在の喪失をどのように受容したのか、いくつかの事情を整理して考えてみたい。

1.2　第一、第二の喪失

東日本大震災における死別は、「もし家族が助かっていたなら」という後悔の念にかられるケースが、過去の災害と比べると多くなっている。

1995年の阪神淡路大震災は早朝であり、加えて直下型の揺れをダイレクトに受けた建物の倒壊や家具の転倒に伴う圧死が犠牲者のほとんどを占めたためか、家族が亡くなったのは不可避と遺族に受け止められている。それに比べて、東日本大震災は平日午後に発生したため、職場や外出先で津波に遭遇した人々が多い（写真7・1）。「あのとき出かけていなければ」とか、地震発生から津波の到達まで30〜60分ほどの時間差があったことから、「津波が来るまでにもっと高い所に逃げていたら」というような、「もし○○だったら助かったのではないか」と犠牲者遺族が自らを責める自問自答のスパイラルに陥ることも少なくない（金菱 2016: 83）。

震災からまもなく7年という時間が経とうとしているなか、遺族らは悲しみという感情をやっとのことで、あるいは時間の経過とともにそれとなく、処理しようとしている。

復興事業が本格化し、復興工事が進み、これまでの市街地が少しずつ様変わりしていく光景を日々見続けるうちに、人々が震災で起きた出来事から目を背けるようになったと感じる遺族は多い。そこ

写真 7.1　津波の被害
（陸前高田市広田町長洞 2011. 3. 15）

写真 7.2　新たな防潮堤
沿岸部で工事が進み，整備されつつある（陸前高田市広田町大野 2016.11.10）

から、家族の死をないがしろにされるのではないかという危機感や焦燥が生まれている（写真7・2）。

震災によって、居住していた家屋やまち並み、身近な人が失われた事実が第一の喪失であるならば、亡くなった家族やご近所さんと共に過ごした在りし日のまちの記憶が、ゆっくりと、しかし確実に喪失していく光景は第二の喪失ともいえる。

とりわけ、大規模な嵩上げ工事が行われる新市街地では、震災の日まで暮らしていた土地や区画に、もう二度と足を踏み入れることができなくなる。その場所で暮らしていた遺族にしてみれば、第一の喪失からやっと立ち直りかけているときに、今度は亡き家族とともに過ごした土地と永遠に別れなければならないことに寂しさを感じても無理はない。身近な家族との別れ、そして、市街地の嵩上げ工事と二度にわたる大きな精神的な喪失を経た遺族らには、一般に経験される家族の死よりも、はるかに重い負荷がのしかかっている。

2 陸前高田にみるオガミサマ信仰

2.1 陸前高田市の概要と地域性

太平洋の荒波に洗われる岩手県の東側、その最南端に位置するのが陸前高田市である。陸前と冠するとおり、かつては仙台藩の領内であり、岩手県に組み入れられたのは明治期以降のことである。1955年に現在の陸前高田市が制定されたが、現在も市の南部は宮城県気仙沼市と接しているため、宮城県との経済的交流は多く、岩手県内の他の町村に比べ文化もやや仙台寄りとなっている。市西部には北上高地の山塊が迫り、市東部の広田半島に抱きかかえられるように拡がる広田湾から、海の恵みが長年もたらされてきた。

市西部の長部地区と市東部の広田地区は広田湾に面して古くから漁港が栄え、「浜の文化圏」が成り立っていた。両地区では「地震がよったら津波が来っぞ」という言葉を幼少の頃から地域ぐるみで叩き込まれて育つことが通例であり、各集落には1933（昭和8）年に来た昭和三陸津波が遡上した地点に「津波記念碑」が建立され、市内の中でも防災意識は高かった。

一方、市街地に位置する高田地区は対照的な「陸（オカ）の文化圏」だった。震災当時の高田地区の住民たちは、「ここまで波が来ることはない」という考えが多くを占め、震災発生前に市が作成した防災マップにも、津波は大きな高さをもって内陸には至らないという想定がなされていた。広田湾に注ぐ気仙川の河口付近に7万本の松が植栽され、高田松原と呼ばれる白砂青松の観光地が存在していたが、震災の津波で1本を残してすべて流失した。残った1本は現在、震災の教訓を後世に伝承するモニュメント「奇跡の一本松」として整備されている。

2.2 オガミサマによる口寄せ

陸前高田市周辺には、オガミサマと呼ばれる巫女による口寄せの信仰が現在も見られる。民俗学者の柳田國男は、「巫女」を神社に附属する者と、民間に土着する者の二つにわけた（川村 1997: 7-20）。本章で扱う巫女は後者を指す。オガミサマを招く行事全般を「神さま遊ばせ」と呼び、亡くなった人への功徳になる、死者の霊を鎮めるという目的で行事が行われる。オガミサマの口を通して遺族は亡くなった家族と意思疎通を計り、オガミサマの仰せ言を今後の生活の導きにする（大船渡市史編集委員会 1980, 写真7・3）。

死者が残された家族に伝える言葉は、生きているときに話すことができなかった意思を伝え、また送り出す家族にとっては「あの人は何を思って死んでいったのか?」「あの世にいったあの人は、現在何を思っているのか?」を知ることができる唯一の手段でもある。

口寄せをする巫女は東北一帯に点在しているが、岩手南部および宮城北部においてはことに多く見

写真 7.3　オガミサマの家に設置されている祭壇
（出典）『大船渡市史』第 4 巻 民俗編 741 頁

写真 7.4　オガミサマ
（出典）『陸前高田市史』第 6 巻 民俗編（下）471 頁

られ、とりわけ沿岸部に集中している。これは、この地域に漁業従事者が多く、彼らの生業が天候などに左右されて予測しがたいことに加えて、相次いで発生する津波や、出漁の際に船が流されるといった海難事故が起こる地域であることによる（三陸町史編集委員会 1988）。

オガミサマは死者の口寄せだけではなく、生者の口寄せ、年間の吉凶占い、病気の治療など多様な託宣《たくせん》が可能であり、かつては人を殺《あや》める能力を身につけていた熟練の者も存在したという。これらの能力はすべて過酷な修行で身につけるとされ、そうした才能を生まれながらに付与された人間が選ばれるわけではない（陸前高田市史編集委員会 1992, 写真7・4）。

なお、オガミサマの大多数は盲目の女性である。かつて、健常者の女性は農作業などの労働をすることで一人前として世間から認められた。目の不自由な娘が生まれるとその娘が農業や家内労働などに従事できないと嫁入りが望めないことから、その家では娘をオガミサマの修行に出し、職業として口寄せなどの能力を身につけさせることで自立を担保した。宮城県北部では「女手ひとつで家を建てられるのはオガミサマと産婆」（杉野 1982）という言葉も残されている。

東北地方では戦前まで目の不自由な女性たちが生計を立てる職業の一つとして、口寄せをする巫女の修行の場が各地に存在し、巫女の数は最盛期には５００人以上を数えたという。視覚障害者に対する福祉が向上した現在、新たな後継者は皆無に近いとされる（河北新報朝刊 2015. 3. 14）。

2.3 「神さま遊ばせ」 葬儀と小正月の口寄せ

遺族の前で口寄せが行われる機会は二つある。一つめは、個人がオガミサマを訪問したり、葬儀後にオガミサマを自宅に招き、故人の遺志をオガミサマを通して聞き出す。これは葬送儀礼の一部として扱われていたが、オガミサマの減少や、自宅葬よりも会場葬が主流になりつつあることなどから徐々に減少傾向にあり、現在は各家の任意で行われるようになっている。

各家の葬儀における口寄せは、オガミサマ一人と家族数十人で行われ、家族に対しての注意喚起や予言を語る。オガミサマは基本的に、遺族側からの問いかけを待つ前提で「神さま遊ばせ」を進行していく。

「オガミサマは問い口（といくち＝神さま遊ばせを行うこと）次第で語るの。おらどが問うんだから、向こうから待つんでねぐ、おらどから聞くわけ。して、おらえ（自分の家）では孫さ嫁子貰いてえが、とか、年寄りどぁ（年寄りたちは）、わざわざ聞くでしょう？　そうすれば、それいつそれあたりに良い縁談がくるとか、どっちの人に良い縁談があるとかって言うでしょう、ほんだから、までまでと（次々に）聞く人は時間が長いのす。…（中略）…ああ、そうかそうか、そうだべなって思って、まず、信用するわけす。信用しない人はだめね。『なぁに、そんなこと！』（って言われる）」（17・12・15 黄川田キヌエさん）。

二つめは、地域の年中行事の一環として集落が主催し、公民館などにオガミサマを招いて「神さま遊ばせ」を行い、一年間の吉凶を占う。これはおもに旧暦の小正月（こしょうがつ。1月15日）に行われ、ここでの「神さま遊ばせ」は、集落の各家から一人ずつ、おもに女性の年長者が参加し、帰宅後それを家族に報告していた（17・11・28 齊藤祥《さち》子さん）。かつて市内では小正月前後を女の休日とし、この日は炊事も男性が行ったという（陸前高田市史編集委員会 1991）。このため小正月は女正月とも呼ばれ、元日とは明確に区別されていた。

オガミサマを招いての「神さま遊ばせ」は、その特別な日の娯楽的要素の一つであった。また、ふだん家庭の中で家事を優先的に行っていた女性たちが、積極的に外出することができるハレの日の行事でもあった。

3　女性たちの行事と「お互い様」意識

小正月には、日をずらして「観音講《かんのんこう》」と呼ばれる集会も行われていた。これは年齢の若い新婚の妻たちや、子育てをしている母親たちが観音様を拝み、その後は茶を飲んだり、菓子を食べるなどといった和気藹々とした催しである。同じ小正月の年中行事でも参加する年齢層によってこれらを「神さま遊ばせ」とは別の行事として扱うことができる。

「震災前の公民館には観音様が置いてあって、それをみんなで拝んでいた。自分たちの地区は育てている子どもの年齢で（観音講に参加するグループの）チーム分けをして開催していた。子どもの年が近いから話が進みやすいんじゃないかな」（17・11・29齊藤久子さん）。

観音講は市内各地で見られた慣習であり、震災後集まる場所や機会がなくなった後にも、観音講との名前だけを残して女性たちが外出するイベントとして存続させている例も見られる。

これに加えて、田植え後には集落内のすべての女性を対象とした早苗振《さなぶ》りという行事も行われていた。

「どこの家でも、田植え終わったから早苗振りやっぺ、って。でね、昔は今みたいに粉だの売って無えがら、米持ってって搗《つ》いてさ、搗いたやつ挽いて粉つくって団子つくって食べたもの」（17・12・15蒲生シゲ子さん）

これらの集会に共通するのは、集落内の女性たちによる地域行事という点である。女性たちは集落外から嫁いでくる者が多く、集落の一員として生活を始める第一歩として、半ば強制に近い形でこれらの行事への参加が求められる。

新参者の女性たちはその集まりに加わり、口寄せで語られる一年の吉凶や先祖の家族への思いを耳にしたり、隣近所の仲間うちで子育ての煩わしさや悩みなどを語り合ううちに、少しずつ互いの顔を知り合い、同じ土地で暮らすご近所さん同士という気持ちを芽生えさせ、「お互い様」という意識を共有していく。

「若い人はまず、オガミサマの話を分がんねえから。言葉が違うから。だがら、私みたいな年寄りは、隣で聞いている人に聞かせるわけ。ユミトリってのは母さんのこと。そういう風に語るから、こっちの人は、『ユミトリっては父さんのこと。ヘラトリってのは母さんのこと。』って聞くわけ」（17・12・15 黄川田キヌエさん）。

「若い人どぁ行くと、（オガミサマが）何語ってるかわかんねんだよな。だから、年取った人どぁ、（オガミサマが話す内容を訳して）書いてけるわけだ。誰それさんはこれこれこうで、って」（17・12・15 蒲生シゲ子さん）。

集落で生まれ育った夫たちに比べ、新しく嫁いできた女性たちは、できるだけ早く集落に馴染むことが求められた。姑やその集落の年長の女性たちから教えられる集落のしきたりに従い、子どもを生み育てる経験を経ることで、女性たちは集落への所属意識を周囲から植えつけられる。新参者の女性たちは、地域の通過儀礼のような行事を通して一人前に認められていった。

4　震災後のオガミサマ信仰

4.1　オガミサマへの個人信仰

震災後、被災各地に大規模な応急仮設住宅が建設された。震災以前まで存在していた地域コミュニティが分断されてしまったために、高齢者の孤独死対策として見守り隊が組織されるなど、被災各地の仮設団地の中で苦闘が相次いだ。震災を機に新たなコミュニティと位置づけられ、仮設団地の自治会がお楽しみ会やバスツアーなどを積極的に催した例も存在する（金菱 2014: 53-57）。これらもまた、集団内で感情が共有される点でオガミサマと同じ発想と見ることができるだろう。

しかし陸前高田の周辺地域で調査した限りでは、実際に仮設団地の集会所などにおいて小正月の「神さま遊ばせ」を行った事例はあまり見られなかった。「神さま遊ばせ」などの地域行事の場所が確保されても、参加者が減少していることを多くの住民が指摘する。理由は複数あるが、近年女性の社会参画が進んだことにより、日中集落に留まる女性たちが減少したことを挙げる者が多い。

「部落でするんだれば、みんな否が応でも、誘われたら行かねばなんね、っていう気持ちが出てくるでしょう？（中略）だれ今、おら勤めてっから暇ねえがら行がねだのって語っがらす。だがら、あとだんだんとやんねぐなってくのさ」（17・12・15黄川田キヌエさん）。

このほかにも、これまで頼りにしていたオガミサマが高齢になったことにより、集落への招致が困難になったことも挙げられた（17・12・15蒲生シゲ子さん）。いずれにしても、震災を機に「神さま遊ばせ」の機会は各地で減少し、現在に至るまで復活していない集落も少なくない。

小正月の「神さま遊ばせ」の開催こそ激減したものの、それでも震災後に震災で亡くなった家族の口寄せを依頼するべく、葬儀とは別に個人的にオガミサマへ赴いた遺族はかなりの数にのぼったという（17・12・15蒲生シゲ子さん）。このように震災後、集団での信仰こそ減少しつつあるが、個人としての信仰は現在も濃厚に見ることができる。

「信じれば信じる。信じねえば信じねえ。だけんとも、やっぱ、やっといて悪いことぁねえんだなって思うんだけんと、うん。んだからおらぁ、今でも中沢浜（オガミサマの住む地区名）さ行って除け払いしてくる」（17・12・15蒲生シゲ子さん）。

この発言からも、オガミサマの口寄せが行われる機会こそ減少しつつあるが、口寄せの民間信仰が、現在も根づいていることをうかがわせる。ここで、このオガミサマ信仰に見られる現世と死後の世界の密接な関連性を「縦のツナガリ」と定義することにする。

4.2　癒しと救い

民俗学者の川村邦光は、近代医学の治療と民間信仰におけるオガミサマを比較して、科学と先端機器を背景にした医師の権威的姿勢とは違い、オガミサマは神仏の絶対的権威に信心を勧めるだけであり、信じるか否かを強要することはないとした上で、述べている。

「儀礼の場面では、神仏の権威を背にするが、それが終われば同じ座で悩み事の聞き役になり、諭したり忠告したり、いわば『野のカウンセラー』になる」（川村 1997: 182）。

東日本大震災でも、この効果はいかんなく発揮された。被災地外から派遣されたカウンセラーが、喪失感に悩む被災者を精神的な病いの患者として問診をして治療することとは対照的に、オガミサマが依頼者のもつ問題を自ら聞くことはほとんど見られない。

東日本大震災では、多くの遺族が「もし○○だったら助かったのではないか」という後悔に陥ったが、そのような想いをオガミサマに相談すること自体が、癒しや救いにつながる有効な手段になっている。カウンセリングと違い、これまで何度も会った顔見知りのオガミサマに相談することは、なによりも安心感をもたらす。遺族は、家族が激浪に揉まれる瞬間の悲痛なさまや、家族が遺族に残したかった言葉をオガミサマから耳にすることが可能である。

オガミサマ信仰が見られない他の地域では、馬鹿げたことと一蹴されるかもしれない。しかしオガミサマ信仰がこの土地に息づいていたことにより、亡き家族との意思疎通を可能とする文化が息づき、それが当たり前のように存在している。

5 「喪失」の受容とコミュニティの未来

5.1 悲しみの共有

3月11日を境に、被災地ではさまざまなものが変化したと外から見られがちである。それは職場や住居の流失であったり、家族を失うことであったり、日常生活そのものであったりと、大きな喪失感があったのは確かである。しかし、それは目に見える物や人の変化であり、被災地では以前から続く日常生活の延長で、何も変わらない社会関係を現在まで維持していることに注目したい。「あの日以前」と「今」は別のものではなく、震災直後に多少の時間と逡巡を必要としたものの、それら二つはほとんど同一の関係性に収まっていると認識されているのではないか。

地域や友人間で感情を共有する装置があることは、震災による大切な人の死を受け入れることに役立った。共に前を向いて進むという発言は、当事者自らの選択によって生まれたのである。「お節介」という発想はそこには存在せず、「お互い様」の気持ちを一人ひとりが当たり前のようにもっている。その根底にあるものは、女性たちの行事に見たような、震災以前のコミュニティで育まれてきた集団の協調性であり、集団の意思である。この集団の意思という考え方を「横のツナガリ」と呼ぶことにしたい。

震災後の被災地では個人差は存在するが、被災の有無にかかわらず集落の誰もが何かしらの喪失感をもった。しかし、その心の隙間を埋め合うために、神さま遊ばせや観音講において培われた「お互い様」の関係は大きく役に立ったといえる。なぜなら、相手も自分も、同じような喪失感をもっているからこそ「〇〇さんから聞いたよ。△△なんだって」という問いかけや配慮が、この地域・集落の中で可能になっていたからである。

この地域では、「お互い様」に象徴される「横のツナガリ」が充分に醸成されていた。加えて「縦のツナガリ」によって喪失感を受容し、口寄せの言葉を受け入れるからこそ、亡くなってから6年が経過する現在も「家族はまだ近くにいる」「あの人は死んだとは思っていない」という境地にいるのだ。

それは一見、奇妙な関係性に見えるかもしれないが、当の本人たちは震災前から続く日常を変わらず生きている。悲しみから逃れるために個々人が一斉に自分の力を最大まで出し切って「日常」を取り戻すよう強いられるのではなく、「被災前」「被災後」の区別をせずに、悲しみを「縦のツナガリ」と「横のツナガリ」で共有しながら毎日を過ごしている。もし霊性が人と霊の「交流」、人と人の「共有できる力」であるならば、まさにその力が現れている。

5.2 第三の喪失の悩み

3月が来るたびに、被災地外部からメディアが押しかけ、「震災から~年」と騒がれる「お祭り」に、被災地は慣れてしまっている。あたかも新たな年中行事や慣習のようである。「お祭り」の時期が来るたびに被災地は賑わうが、まちも人も落ち着かなくなる。3・11を教訓として未来に伝えることの重要性は、被災地が一番よく認識している。しかしせっかくみんなで前を向いているのに、外から来た人たちに「後ろを向け」と言われているような違和感をもつのだ。

復興工事が終わり、この「お祭り」が行われなくなるであろう十数年後、私は被災地全体が「第三の喪失」に悩まされると考える。復興というゴールテープを切った途端に、何もかも終わったという虚脱を感じるのではないか。変わらない日常があるように見える一方で、「お互い様」に象徴される感情を共有してきたコミュニティや、集団の協調性や意思を醸成してきた関係性、そして霊性は維持されていくだろうか。

おわりに

私は中学卒業と同時に震災に遭遇した。震災直後、すさまじい数のメディアが連日被災地を訪れたことを覚えている。新聞を開けば当時の私と同世代の子どもたちが「被災地の希望」として書き立てられ、テレビやラジオで自分たちの生まれ育ったまちが全国ニュースになっていることに複雑な思いがした。学校の友人やご近所さんは、あたかもヒーローのように掲載される日々が続いた。

やがて、日を追う毎に少しずつ報道の数は減っていった。悲劇、奇跡、絆という語句で脚色し、それを事実として報道する風潮や行為に辟易し、疲れていた。家族が全員無事だった私でさえそう感じたのだ。家も家族もなくし避難所や仮設住宅で過ごす同級生たちは、疲れているそぶりを見せないだけで、本当は精神的に苦痛を感じているのではないかと思った。

地域ぐるみの復興を達成した後に、現在の被災地はどうなるだろう。震災を知らない世代も成熟した大人の市民になっている頃である。彼らが嵩上げされた新たなまちの主役になる近い未来に、どのようなまちがあるのだろうか。

参考文献

原英子 2012「人々はイタコに何を求めるのか（1）—東日本大震災にみる恐山と三陸沿岸」「人々はイタコに何を求めるのか（2）—東日本大震災と青森からのメッセージとしてのイタコ」『岩手県立大学盛岡短期大学部研究論集』第14号、岩手県立大学盛岡短期大学: 55-59, 61-64.

原英子 2013「人々はイタコに何を求めるのか（3）—想像されるイタコイメージとイタコの実態」『岩手県立大学盛岡短期大学部研究論集』第15号、岩手県立大学盛岡短期大学: 51-56.

河北新報編集局編 1984『もう一つの世界＝庶民信仰』頸草書房

金菱清 2014『震災メメントモリ——第二の津波に抗して』新曜社

金菱清 2016『震災学入門——死生観からの社会構想』ちくま新書

川村邦光 1997『憑依の視座　巫女の民俗学Ⅱ』青弓社

川村邦光 2005『ヒミコの系譜と祭祀　日本シャーマニズムの古代』学生社

川村邦光 2006（1991）『復刊選書10 巫女の民俗学〈女の力〉の近代』青弓社

気仙沼市史編さん委員会編 1994『気仙沼市史第7巻　民俗宗教編』気仙沼市

菊池武人 2002『気仙郡語彙集覧稿』住田町
中山太郎 2012（1929）『日本巫女《ふじょ》史』国書刊行会
大船渡市史編集委員会編 1980『大船渡市史 第4巻 民俗編』大船渡市
陸前高田市史編集委員会編 1991-92『陸前高田市史 第5・6巻 民俗編（上）（下）』陸前高田市
桜井徳太郎 1979「巫女の地域性」「日本巫俗の特徴」五来重・桜井徳太郎・大島建彦・宮田登編『講座日本の民俗宗教4 巫俗と俗信』弘文堂: 39-55, 56-70.
三陸町史編集委員会編 1988『三陸町市史 第5巻 民俗一般編』三陸町
佐々木宏幹 1983『憑霊とシャーマン――宗教人類学ノート』東京大学出版会
清水睦美・堀健志・松田洋介編 2013『「復興」と学校――被災地のエスノグラフィー』岩波書店
杉野昭博 1982「盲巫女の入巫とカテゴリー変化：宮城県北部を中心として」『年報人間科学3』大阪大学人間科学部社会学・人間学・人類学研究室: 72-94.
谷川健一・大和岩雄編 2015『民衆史の遺産 第六巻 巫女』大和書房
東北文化研究センター 2000『東北学 vol.2【特集】巫女のいる風景』作品社
鳥越憲三郎 1979「巫女の歴史」五来重・桜井徳太郎・大島建彦・宮田登編『講座日本の民俗宗教4 巫俗と俗信』弘文堂: 20-38.
若松英輔 2012「協同する不可視な「隣人」―大震災と「生ける死者」」『魂にふれる――大震災と生きている死者』トランスビュー: 21-43.
山口弥一郎 2011（1943）『津浪と村』三弥井書店

参考資料

朝日新聞朝刊 2011. 8. 14「会いたい、聞きたい イタコ訪れる被災者たち」
http://www·asahi·com/special/10005/TKY201108120691·html （2017·12·2 取得）
河北新報夕刊 2013. 8. 29「東北「口寄せ」消滅の危機」
河北新報朝刊 2015. 3. 14「挽歌の宛先20祈りと震災 第4部 民の信仰① 現世で惑う人のため」
河北新報朝刊 2015. 3. 15「挽歌の宛先21祈りと震災 第4部 民の信仰② 口寄せ もう頼めない」

第8章

最後に握りしめた一枚を破るとき

——疑似喪失体験プログラムとアクティブ・エスノグラフィ

金菱　清

はじめに

ハァーハァー。とある授業でいまにも過呼吸を起こしそうな女子学生がでてきた。シーンとした張りつめた空気のなかですすり泣く声がそこかしこから漏れてくる。どうやら普通でもこの授業は彼女ら彼らにとって「重い」ものらしく、さらにある試みでは重さを越えて、夜眠れなくなったり、過呼吸になりかけたりする。それは普段私たちの感覚から零れ落ちてしまう、当たり前でいてなかなか意識にも上らない何かであるようである。

1　震災を「自分事」にするために

２０１７年、私は環境社会学という大学の授業のなかで、テーマとして「震災を通していのちを考える」ことを真正面にすえた。知識の伝達というよりは、立ち止まって深く考えてしっかり肌で感じてもらうことを企図した。

なぜこういう真剣な授業を一コマの枠のなかで行うのかには、いくつかの理由がある。まず、震災当時の語りを聞くとき、あまりにも大きな溝が存在するからである。それは「私たち経験した者にしかわからない」と現場の当事者が諦めにも似た言葉で口をつぐんでしまうことが非常に多くなってきていることがある。

もうひとつは、被災地の大学であっても6年の歳月を経て当初の「生々しい」感覚が失われつつあることである。17年の新入生は震災時小学校6年生であるので、被災地で直接震災を経験したことがない、あるいは記憶にない学生が大学に入ってくるのは時間の問題である。次世代への災害の教訓をどのように継承していくのかという実践的な課題が始まっている時期だからである。

発信する側にもそれを受けとる側にも、震災の語りが伝わらない構造ができつつある。この構造にあえて抗って、わかりあうためにはどのようにすればよいのか。

ある現実に起こったことを説明する方法として、その一コマを記述して描くエスノグラフィというアプローチがある。もし従来の（静態的な）エスノグラフィが単なる記述や記録で留まるとしたら、それは当事者のリアリティの再現で踏み止まっている可能性がある。現場の声の力ではどうしても乗り越えられない壁が横たわっているように思われる。私が見る限り、エスノグラフィとはきわめて実践的な課題と向き合える記述方法でもある。あえて名づけるとすると、アクティブ・エスノグラフィとしてここでは呼んでおきたい。アクティブ・エスノグラフィは「待ちの姿勢での観察」ではなく、これまで当事者でさえ意識されてこなかった問いを積極的に掘り起こす創造性が含まれていることが従来のエスノグラフィと異なる。

震災のアクティブ・エスノグラフィを考え始めたところ、次のようなアイデアがするっと出てきた。知り合いの震災の語りべ（命のかたりべ）さんと、4月以降は語りべの活動が少なくなるので、話す機会がめっきり減るんだというつぶやきをSNS上で交わしていた。震災の起こった3月11日までは冬休みや震災の関心の高まりからひっきりなしに依頼を受ける。ところが4月以降は打って変わって尻すぼみになるのと、仕事や学校の新年度で依頼の機会は物理的に少なくなる。そこで5月に語りべさんに来校してもらって震災の語りべをしてもらうことになった。

しかし、ふとひとつの疑問がわいた。聞く側にはその時は真剣に耳を傾けるかもしれないが、時間を経れば「他人事」になりはしないか。語りべが一方的に話してそれを聞くだけでは印象に残らないかもしれない。そこで少し考え、思いついたのが、私が20年以上も前に大学で受けた授業だった。今でも忘れられない記憶として残っており、その手法をこの語りべの経験にあわせて授業にミックスさせれば、他人事から「自分事」へと震災の出来事が深く心に滲みるのではないかと思い浮かんだ。

私がそれを思い出したのは、「死生学」という授業でこの専門の第一人者である藤井美和先生がアメリカの授業をアレンジして実践したものである。この時は末期のがん患者の日記を読み進めながら目の前の紙を千切って、場面が進むにしたがってその患者さんの内面がリンクしていくという内容であった。私はこれを、実際の語りべさんの言葉に載せて時系列順に自分にとって大切なものを失う過程を再現する授業に再編した。

2　疑似喪失体験――12枚の大切なものとのお別れ

2.1　被災者が固く閉ざした口を開くとき

90名近い受講生に、4種類の異なる色紙を3枚ずつ計12枚を配布した。それぞれの色紙に自分にとって大切なものを書き込んでもらう。「形のある大切なもの」「大切なアクティビティ（活動）」「形のない大切なもの」「大切な人」の4種類である。時間を少しかけて、他人にとってではなく、〝自分にとっての〟大切な何かに思いを巡らせながらそれぞれを3枚に書き込んでいく。さらに大切な何かを表に書き込み、その裏にはなぜそれが自分にとって大切なのかについての理由を書いてもらった。大切なものや人に思いを込めさせるためである。

この作業は若い人ほど時間がかかる傾向にあり、平均して20分も時間を要する。すらっと書けるというよりも、1枚1枚向き合って意識化されることがわかる。しかも、この時点から学生によっては喪失が始まっている。4人書きたいのに、3人に絞らなければならないので、どうしようと迷い始める。大切な人を書く時点で1人の大切な人（もの）を失うことになる。

そこから語りべの髙橋匡美《たかはしきょうみ》さんのお話を始めてもらう。事前の打ち合わせのなかで、震災当日を振り返りながら、できるだけ当時の状況に即して、「のほほんと構えていた」ときから父母を津波で亡くす衝撃に直面するまでのシーンを4つに分けていただいた。

匡美さんは、震災の語りべとしては後発組にあたる。私が彼女の話に深い興味をもったのは、震災報道に強い違和感を抱いており、報道を見てはテレビに向かって物を投げつけ「私は被災者ではないのか」という怒りをもっていたことである。

匡美さんを通して絆という心地の良い言葉とは裏腹に社会的孤立を深めていく人の存在を知った。それを私は「共感の反作用」と呼んだ（金菱 2016）。物資も報道も研究もボランティアもすべて「見えやすい」避難所や応急仮設住宅などに集中する。集合化された場所に資源や情報が投入される一方で、匡美さんのように、塩釜のマンションの自宅で地震に遭遇し、軽微な被害で済んだ人に、行政やボランティアによる支援が差し伸べられることは一切なかった。

足はむくんで靴が履けず、外出もままならない。食べる・寝る・排泄するといった動物的な行為をひたすら繰り返すのみ。父母を失った悲しみで打ちのめされ、家から全く出ることのない、社会的に孤立した存在に追い込まれていた。現実を受け入れたくないのと眠ると夢で母親に会えるのも手伝って、何錠もの睡眠導入剤をワインで流し込むこともあった。これではだめだと思い、ようやくカウンセリングもかねて出かけたグリーフケアも逆効果となった。というのも、ケアの後、報道機関が取材にきたが、インタビューを受けるのは、子どもを亡くした親ばかりであった。ひとりぽつりと社会から取り残された孤独感を味わい、回復の道も閉ざされた。

そのようななかで彼女が見出したのが、人の前で話すということだった。はじめ躊躇したのは、もっと悲惨な経験をしている人がいるなかで、自分などが話してもよいのかという思いだった。匡美さんにインタビューをしていくうちに、最後にようやく絞り出した言葉が私の心を強く打った。

「あの時のつらい体験は、死んだ人の内訳や数ではない。被災した／しないも関係ない。みんなそ

の人の中でのＭＡＸ（最大のもの）だったの。マスコミ的なフィルターを通しても共感できない」（同上：98）

災害支援では、事の重大性、つまり被害の量によって差別化がはかられるが、彼女の言葉はそれを明確に否定していた。つまり身内を10人亡くしたり、子どもを亡くしたという経験による支援の差別化は何一つ信頼できないことを教えてもらった。経験の平等性（その人だけのＭＡＸの死）に立って初めて被災者は固く閉ざした口を開き、語り始めるのである。このような経験をした言葉は、語りべとして大いなる説得力を持つ。

2.2　疑似喪失体験プログラム

①母親との別れの挨拶　地震体験──12枚を8枚に

匡美さんは教壇に立ってスライドを出しながら、囁くように聴衆に話しかける。

「さて、みなさんのふるさとは、どんなところですか？」

「家を出るときに、『いってきます』『いってらっしゃい』と挨拶をしてきましたか？ふるさとが遠くにあるよという人は、そこにいる家族や友人とお話ししたのは最近いつですか？」

仙台でともにランチを過ごして、自宅の最寄り駅で母親と別れたのがまさか最後になろうとは思わなかったと、次の語りが続く。

「私は、両親が年老いて亡くなり、家が空き家になり廃屋になり、更地になり人手に渡ったとしても、ふるさとというものは、少しずつ形を変えたとしても、未来永劫そこにあるものだと思っていました。それらが、ある日突然、めちゃくちゃに壊されて奪い去られてしまう。それが災害なのです」

学生たちの眼前にある大切なものが奪われることを予感させる語りが入る。明日がいつものように来て、日常のふるさとがそこにあり、いつものように大切な人がそこに存在する。当たり前のように繰り返される日常が「ぷちっ」と断ち切られる現実が起こりうることを、次の瞬間に体感させる。

突然教室の灯りが落とされ、音楽が静かに流れ、目をつむりながら耳を傾け、呼吸を整えるよう指示される。深呼吸のあと、目を開けた学生に私が言い渡す。

「いま目の前にある大切な人やものとお別れをしなければなりません。色ごとに1枚ずつ計4枚を断腸の思いで破かなければなりません。それを決めてください」。

大切なもののなかで失いたくないものは、当然後回しにされる。まだこのときは何の説明もなく、破ることに戸惑いながらも、学生たちは余裕の表情である。

② 塩釜での津波被害　実家と連絡が取れない――8枚を4枚に

そして、3・11の当日を起点に髙橋匡美さんの話が始まる。被災地であれば誰しもが経験した地震と津波のシーンが、淡々と語られていく。

当時塩釜の自宅マンションでは、地震の揺れはあったが津波の浸水は少しあったものの特に被害といえるものはなかった。しかし、父母がいる石巻の実家とは依然連絡はとれなかった。平常心がマヒしている状態で本塩釜駅前まで行き、背丈ほど津波の跡が残る公衆電話ボックスに入る。不通で連絡が取れるはずもないのに、電話をかけてしまう。

そこで2回目の紙を破るシーンが入る。再び部屋が暗くなり、音楽が流れ始め、深呼吸をして心を落ち着かせ、目の前の大切なものに向き合う時間が訪れる。大切なものを同様に一枚ずつ計4枚破り捨てる。ここで残った紙はそれぞれの大切な種類の色紙が4枚になる。ふと不安になる。自分で破っているのだが、だんだん兵糧攻めにあっている感覚で手に汗握るようになる。

③石巻に向かう　ああいうのば、地獄って言うんだっちゃねえ――4枚を2枚に

匡美さんは、震災から3日経った14日になって、実家のある石巻に向けて車で向かい始める。ともかく車で近づけるところまで走ったが、海も川も遠い内陸部まであちこち冠水していて、救助された人がボートや大きなマットに乗せられ、自衛隊員が腰まで水に浸かりながら移動していた。車を乗り捨て、線路の上を歩き実家を目指すことになった。反対側から来た人に尋ねてみるが、みんな無言で、首や手を振るだけで誰も自分たちが知りたいことに答えてはくれない。

そのなかで、年配のご夫婦が足を止めて予想もしない言葉を返される。

「あんだだぢ、今から（実家のある）南浜町にいぐの？　私たち今見できたんだでば！　ああいうのば、地獄って、言うんだっちゃねえ……」

「え？　じごく？　ってどういうこと!?」

匡美さんは口をつぐんでしまう。確かに家や船がぷかぷか周りで浮かんでいるものの「地獄なんておおげさなんじゃない…？」とも思った。

不安が募るなかを歩みを速め、小高い日和山に裏側からようやく登り、海に向かう坂道をおりはじめ海の景色を望もうとしたとたん、息を飲んで立ちすくんでしまった、本来なら山のふもとから海まで、閑静な住宅街が続くはずのその場所が、泥と砂に埋もれ、家や車が押しつぶされ、ひねりつぶされ、大きな力でかき混ぜられ、三日三晩続いたという火災と爆発で焼き尽くされ、自分が立っている坂道の途中まで、車や家の瓦礫などが幾重にも重なり合っていた。

もわもわと熱く焦げ臭い匂いがあたりに充満し、三日経ったその日も、あちらこちらで煙がたちのぼっていた。自分の見ているものがよく知っていた現実だとは到底理解できなかった。そして、何よりもその光景をどうしても受け入れられなかった。

ガタガタと自然と震えてくる体をいくら抑えても、とめることはできなかった。歯をぐいっと食いしばっても、ガチガチと歯音をたてる口元も自分の意識でおさえられなかった。それほど今目の前に拡がっている現実が恐ろしかった。そばにいた高校生の息子がぽつりと、

「ねえママ、これって……戦争のあと?」そう表現せざるを得ないほどに想像を絶する光景だったのである。

遠くに、建物が残っている一角が目に入った。ふだんは建物が入り組んでいて見えないが、紛れもなく海にほど近い、彼女の実家であった。いつも母が「万が一、ここに津波が来たら、私はお父さんをつれて二階に逃げるので精一杯だわ」と言っていたことを思い出す。きっとあそこで助けを待っているに違いない、その言葉が頭から離れなかった。

なりふりかまわず、かなた先に見通せる実家の方へ急いだ。あまりの高温で靴底がベロンと溶けそうな瓦礫のなかを、地元の人の制止を振り切り突進するかのように一目散に駆けた。

ここで紙を破る3回目の瞬間がやってくる。暗くなり音楽が流れ、深呼吸する一連の儀式が繰り返される。今度は、目の前の4枚の紙のうち、半分の2枚を選んで破らなければならない。今度は種類別ではないため、自ら選ぶ意識が高まる。そして、消極的に選べなかったものと積極的に残したいものが激しく自分の中でぶつかり合う。そして語りべさんの身の上に起こる、不安が不幸に変わる瞬間が頭を強くよぎることになる。

④最愛の母親と父親の死——2枚を1枚に

やっとの思いで匡美さんがたどり着いた実家は、かろうじて周りの惨状に比して外観は奇跡的に残っていた。実家の被災後の写真が映し出される。ブロック塀がなくなり、立ち並んでいた家並みが、根こそぎなくなっていた。台所には横倒しになった冷蔵庫があり、ついさっきまで生活していた痕跡があった。食べかけのおかずや切った漬物を盛り付けたお皿にラップがしてあったり、煮物やおひたしが保存容器に入っていたり、冷蔵庫には冷凍された魚がひっくり返っていたりした。

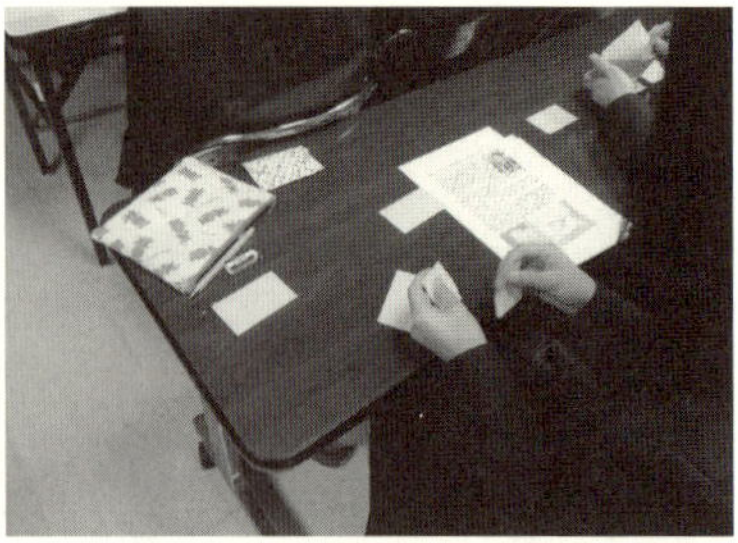

愕然としながらも、とにかく二階へ駆け上り、おそるおそるドアを開けてみると、そこに父親と母親の姿はなかった。しかし、たとえここに逃げ込んでも、助かった見込みは少ないと痛感せざるをえなかった。それは、天井から20センチに津波の跡が見えていたからだった。しかし、なぜかベッドの上の布団はほとんど濡れていなかった。おそらくベッドごと津波によって持ち上がったことが推察された。

近所の人とどこかに避難しているかもしれないと、自分を無理やり納得させるかのように家を出ようとして、息子に呼び止められた。もう一度一階の奥を見てこようと諭されたのである。一度は見たと思ったが、息子の言葉に導かれるように、玄関からまっすぐ廊下を進み、突き当りをトイレやお風呂に通じる角を左側に曲がった。すると、その足元に自分の母親が小さくうつぶせになって倒れていた。お茶目で明るくて美人で、大好きな自慢の母が、まるでボロ雑巾のようになってそこに倒れていたのであった。

仰向けに寝かせると、顔も髪も泥と砂だらけだった。水もそこにはないので手持ちのお茶で母の顔の砂と泥をそっと洗い流してみると、まるで眠っているかのような穏やかな顔で、ピンクの頬や唇で今にも目を覚ましておしゃべりをはじめそうであった。があまりにも冷たくなって二度と目を開けてはくれなかった。

父親を発見したのは、しばらく経った3月26日であった。遺体安置所の身元不明の写真の一覧の中からだった。遺体安置所に通っているうちに、父親を探すために来ているのにこの一覧の中に父がいなければいいのに、と思うようになってきた。なぜなら、日を追うごとにご遺体の損傷が激しくなって悲惨さを増していくからであった。

係の人に手招きされて向かうと、眼前のご遺体は父にはどうしても見えなかった。ニコニコと微笑みかける優しい父親しか記憶にないため、目の前に横たわっている、砂まみれの裸体で、顔の乾燥が進み赤黒く変色している蝋人形のような顔の老人が、自分の父親だとはわからなかったし、また思いたくもなかった。

人違いをすると大変なことになると、腰を落としてガタガタと震える手でいろいろと触ってみた。父の指は細長くてとてもきれいで、息子と似た指をしていた。そして、左足の踵に見覚えがある傷跡があった。その二点を確かめて「これは父に間違いございません」と告げるしかなかった。身元不明の遺体のために足の親指の爪が一枚剥がされて、そこにうっすらと滲んだ血の赤みが、唯一父が確かに生きていたのだということをかすかに告げているかのようであった。

音楽が流れると、2枚の中から1枚を選択して破ってもらう。そして手元に残ったものはたった1枚の色紙のみである。

⑤何も残らない現実（1枚を何枚に？）

通常の疑似喪失体験はここで終わる。実際に何回かの授業では残してもらっていた。けれども、私はその最後の1枚も破らせることに決めた。それは、災害というものはありとあらゆるものを失う事象であるので、最後に残ったあるいは残した大切な何かさえ失うことに重ね合わせることにした。それまでの破り方と異なり、最後の1枚を掌のなかでぎゅーっと握らせ、もう一方の手でそれを包み込むように抱擁させた。そのあと少し長めの詩の朗読をして時間を共有させたうえで、一気にそれを破らせた。

会場がしーんと静まり返り、すすり泣く声だけが響き渡る。なかには千切ることができない学生も何人かいた。過呼吸になり、会場の外で人目をはばからずむせび泣く女子学生もでてきた。ある学生は千切った同じ色の用紙をもう一度要望し、そこにいま目の前で消えてしまった大切な人の名前を書き込んで何とか復元しようと試みていた。それほど紙を破る行為は、書き記した大切な人はそこにいないにもかかわらず、自分の手でその人を消してしまうという背徳にも似た罪責感を感じさせたに違いない。語りべの話により深く向き合うことにつながったという学生もいた。

またある女子学生にとって、授業を行った日は妹が修学旅行に行き不在であった。

「正直、最初の方はただ紙を破いているという感覚でしかなかった。この過程を何度か行い、最後の2枚が残るときにはなんとも言えない気持ちがこみ上げてきた」。

この学生は、東日本大震災で被災したが、家族や親戚、友人は誰ひとりとして亡くさなかった。震災関連のテレビ報道で、家族や親戚、友人を亡くした方の話を見ても「すごく悲しい思いをしているのだろうな」とは思っていたが、大切な人を突然亡くすという感覚はよくわからずにいた。そのなかで、最後の一枚である〝妹〟と書かれた紙を破るときは涙があふれて止まらなかった。疑似喪失体験をした次の日に妹が修学旅行から戻り、妹の前ではさすがに恥ずかしくて平静を装っていたが、内心は無事に帰ってきたことがとても嬉しく、ホッとした心境を述懐してくれた。

災害における実際の体験とこの疑似喪失体験の違いは、前者が失う対象を選ぶことができない困難に追い込まれるのに対して、後者は自分で選びとることで、自己の内面に関係性の痛みが深く刻み込まれることとである。また、語りべの髙橋匡美さん自身も肌実感として、一方的に話すのと疑似喪失体験で語る違いについて次のように振り返る。ふだん語りを終えた時点での聞き手の浸透や共感具合が60くらいとすると、そこから時間経過とともにどんどん薄れるのに対して、疑似喪失体験は、聞き終わった後の衝撃やインパクトは90くらいあるのではないかという。

3　最後の1枚

3.1　母親と父親の対照的な割合

掌に強く握りしめられた最後の大切な1枚とは、なんだったのだろうか。学生に聞いてみると、参加者の実に5割を超える学生が母親をあげた。それに対して父親は1割である。兄弟姉妹・親戚の14％にも及ばない。その他もあったが、圧倒的に母親が占める結果が意味するものは何か。もちろん理由も聞いているが、それは理解できる範疇であり、たとえば以下の通りである。

「精神的にも生きていくための支えになる人。生み、育ててくれた人であり、一番共に生きてきた人だから」（女子学生）

「お母さんが一番自分をよく育ててくれた気がする。お母さんがいることでなんだか安心する気がするから」（女子学生）

「自分にとっての優先順位を考えたら一番最後まで残ったのが母親だった。ずっと世話してくれたのが母親だったし、一番頼りになる存在だから」（男子学生）

もっとも、この割合がくっきりと対照的であるのは、学生だからである。社会人の場合は妻や夫、息子や娘、孫が入ってきてより変数が大きくなる。

しかしながら、これらは学生個人の回答であり、なぜ母親が父親よりもこれだけの優位さをもつの

か、その根拠としてはどこか心許ない。当初この疑似喪失体験で区切りをつけるはずだったが、このことを突き詰めてみようと考えて授業を続けた。誕生との関係から、学生にとって自分はいつから「人間」として存在するのかという問いを重ねてみた。この最後の一枚の存在は、私たちがふだんそれとわからないが、何を核心に据えて生きているのか、そして、亡くなった後もどのようにつながり続けるのかという人間と霊性のあり方そのものを私たちに教えてくれている。

3.2　人はいつ人間になるのか　学生の回答と特徴

授業の中ではあえて人間の定義をしないまま、いつ「人間」になるのか、それをまず選択肢で答えてもらい、理由も併せて尋ねた[1]。受精時、妊娠8週目（頭部や手足＋心音）、妊娠12週目（必要な器官を備える）、妊娠22週目（NICUでの生存ライン）、誕生時、医師による出生証明書発行時、親による出生届提出時である。すると男女で回答がくっきり分かれた。男子学生は「誕生時」が34％を占めた。他方、女子学生は「妊娠8週目」45％「受精時」20％を合わせると、7割近くにも到達した。

つまり男性の多くの場合、誕生時以前は「人間」として認知していないということもいえる。理由をみると誕生前は人間になる「準備段階」という表現を使って、どちらかといえば、第三者からも人間として認識されるなど、社会的動物を「人間」として重ね合わせる傾向が強く表れた。

それに対して、女子学生は、妊娠8週目を選んだ理由を「まだ直接目には見えていないが赤ちゃんが一つの命として接している時点で人間だと思う」や「個人的な感覚だが、形がでてくると情が湧く、情が湧くのは人間だと思っているから」というように、社会的認知というよりも生命の神秘に重ねて「人間」をとらえていることが明らかな差となって表れてきた。

奇しくも表れた男女の差が何を意味するのかを考えると興味深い。女子学生はまだ19～20歳であるので、ほとんど妊娠の経験がないと思われる。それにもかかわらず実体験の前に女性がこのように考えるということは、体験後はさらに強い実感となって表れるだろう。それに比して、体験の外側にいる男性は誕生までは生命体を「人間」として認識していない傾向にあるので、人工中絶などに対する態度表明は女性と当然異なってくる。

私たちはどこまでを「人間」として受け入れるのだろうか？　そしてどこからが人間としてなくなるのだろうか？　この根源的な問いを、最後まで残った「母親」から派生させて考えざるをえなくなった[2]。

大切なものとは、それを喪失する不安心理とイコールと解釈するならば、最後の一枚は、自分の存在を支える生命的支柱そのものでもある。それを失くすことは自分の存在そのものの否定にも通じる。自己の存在を揺るがすものは、自分で選択したとはいえ、最後まで残ったことになる。そしてそれを破ることは象徴的な意味で自分を殺めることになる。紙に書かれ、たった一枚残され、それを最後に破るという行為は、単なる意味の付与を越えて、どうやら彼ら彼女らの人間の本質部分に関わる琴線にふれたのである。

4　最後の問い　人は死んだらどうなるのか

4.1　人はいつまで人間か　学生と回答と特徴

どこから人間になるのかを自己存在の起源まで立ち入って考えてきた。それとは逆に、私たちはどこまで「人間」なのかという問いもワンセットとして生じる。これは実は東日本大震災の被災地で幽霊が目撃される（金菱編 2016）という深層構造を裏づけるうえで興味深い。

私たちはいつまで「人間」なのかを答えてもらうために、同じように、本人の意識がない状態、脳死、心停止、火葬、お墓に入る、その他、の選択肢に分けて学生に問うた。当初の予想では、脳死と心停止に分かれるのだろうと予想していたが、結果はとても意外なことに、それぞれわずか6％と7％にしか過ぎなかった。脳死は人の死かどうか争われていた論争が何だったのか拍子抜けする結果である。

それを圧倒的に抑えて、火葬するまでが人間だというのが41％だった。約6倍という驚くべき数値である。その理由は以下の通りである。

「意識がなくて心停止でもどこかしらの部分は動いていると思う。火葬まで人間は生きたいと心の底から思っていると考える」（男子学生）

「葬式では棺に入れて、花を入れる時に顔を見るとまだ人間という感覚はある」（男子学生）

「自分の祖父が亡くなったとき、初めて泣いたのが火葬で骨になったのを見た時で、人間の形を留めている間は、まだ人間として「在る」と思っている」（男子学生）

母親が最後の一枚までなくなってはいけないと答える人は、肉体的な死を超えて関係性を継続的に築こうという意思の潜在的な表れではないだろうか。

ちなみに「幽霊」の存在を信じると答えたのは実に70％で、否定派の29％を大きく凌ぐ結果になった。単純な目線では、大学生にもかかわらず7割も非科学的な思考法をもっていると判断されるかもしれない。しかし、別の角度から見れば異なってくる。3・11の震災ほど原発事故も含めて従来の科学的思考や既存の宗教観が揺らいだ出来事はない。その事実と突き合わせると見えてくることがある。

狭義の科学的視点に立てば、死ねば単なるリン酸カルシウム（骨）になり、宗教的視点に立てば、彼岸の世界に行く。通常科学と宗教の接点には齟齬が生じないように〝上手く〟できている。つまり競合関係がない。ところが、先の学生の回答はあっさりこの関係を壊して、脳死や心停止の科学論争を無視するかのように考えている。科学論争を超える学生たちの回答は、市井の人びとの「人間」とは何なのかという考えに一石を投じるように思われる。これは私が震災以後フィールドワークを続けて得られた知見と合致している。此岸と彼岸とのあいだに広大ともいえる中間領域が存在することがわかってきた。これは何を指すのだろうか。

4.2　曖昧な喪失への注目

学問にはそれぞれの臨界点があり、現実の知見と突き合わせる中で十分に説明しきれないことがでてくる。千年ぶりの巨大な災害を経て、学問的なパラダイム転換を要求されているのだと強く感じることがある。考えてみれば、リスボン大地震とそれに続く大津波によってヨーロッパの宗教的な神学論争やカントをはじめとする科学的な枠組みが大変革を起こした。このように巨大な自然現象は神が起こしたととらえる宗教思想と、それとは逆に地震計などの観測機器によって科学的に測定することで事象を解明する近代科学の進化に分岐していった歴史がある。

社会学は集合的方法から事象をとらえようとする傾向がある。それはおのずと私自身の血肉となっているところがあって、これはこれで切れ味がある。そのような観点で見れば、避難所、応急仮設住宅や災害復興住宅のコミュニティ調査などはどちらかといえばとらえやすい。そして死者の供養という観点からみれば、個人では負えない問題をコミュニティに仮託することで死者をできるだけ早く彼岸に送ることができる。しかし、このことは今からして思えば学問的枠組みに拘束されていて、より深い現実を見通すことができていなかったという反省がある。いわば、機能的な役割を果たしていると仮説的に見る解釈のもとで分析可能なだけである。

震災で突きつけられた大きな課題は、人は死んだらどこにいくのかということであろう。というのも、まず死の起点が定かでない。行方不明という問題はこのことを如実に物語っている。ポーリン・ボスが提唱した「曖昧な喪失」という言葉は、行方不明者の遺族にとって、死はご遺体が上がらないまま、実感のわかない死であることをよく示している。ご遺体があって葬式・埋葬を経た「明確な喪失」が人間の死ととらえられるのに比して、行方不明は生者とも死者ともつかない保留状態なのである（ボス 2005）。

それにもかかわらず、まだ瓦礫が散乱するなかで、宗教者は宗派を問わずお経をあげて手を合わせ弔っていた。その姿に私は強い違和感を覚えた。行方不明も死者として扱う一方で、ご遺族が一縷の望みをかけて家族を探している姿とまったく一致しなかった。ご遺族の気持ちは一年経っても変わっていない。「今日は息子と母の一周忌法要。遺体すら見つからないのに一周忌法要をしなければならなくて、正直今も戸惑って受け入れられない自分がいます」という母親の切実な思いに果たしてどれだけの宗教が耳を傾けることができたのだろう。

改めて私たちが現場から問わなければいけなかったのは、曖昧な喪失の解消ではなく、曖昧なものを〝曖昧なまま〟抱き続ける当事者たちの揺らぎとそれへのつき合い方であった。彼岸と此岸を境界を設けてきっちり分けて考える発想から、彼岸と此岸が重なる場所を設定し始めたのである。そのなかで、被災地の幽霊現象を通して浮かび上がってきたのが、霊性であった。

4.3　人は死後どこへいくのか　霊性に抱かれて

この課題設定は、被災地の死生観を抜本的に変えたといわれている（金菱編 2016）。括弧つきの「死者」と生者が行き来する温かい相互交流の場が設定されていることである。「死んだら終わり」ではないし、祟《たた》りを恐れて霊魂を排して彼岸に押し出すものでもない。被災地の人びとが抱かれた霊性を確かに私たちはとらえたのである。幽霊に遭遇したタクシードライバーの語りも、幽霊がもう一度現れても、車に乗せるという温かい心意気を示している。

普通であれば、霊を怖がり手を合わせてもう二度と出てくれるなと願うはずである。制度的な宗教もこれを支持する傾向にある。たとえば、葬儀の儀礼は、死者＝非日常的な生者を生者＝日常的生者側が日常性（この世）から切り離し、非日常的領域（あの世）に移行させ、安定を図る行事である。このことを踏まえると、被災地で目撃される幽霊は、死後に肉体を離脱した霊魂であり、いまだ成仏し得ないためこの世に姿を現す存在（実体）である（佐々木 2012）[3]。

死者を穢れや祟りから祓ったり祀ったり、供養するべき対象ととらえることもできるし、その実例もある。しかし、私たちが示したように実際に現場で生じている事例は明確にそれを否定する。生者と死者のあいだに存在する曖昧な死は、必ずしも死者が生者を祟るような不安定な死ばかりではない。

不安定かつ両義的な生／死の中身をあえて縮減せずに、それをむしろ豊饒化し、そのままでよいと肯定的に当事者が受け止めていることは、従来の宗教観からは説明がつかない。

一見小さな事象を扱っているかのように見えるエスノグラフィは、量の多寡から質の深浅へと問いを転換する力をもつ。つまり、彼ら彼女らは死者がいないとも、とらえている。そこでは失われた人が死者になりきっていない。そして死そのものを理解することが困難な人間は、別離という生者の経験に即して死というものを考えざるをえない。今まで自分の人間関係の中に織り込まれていた人物を、不在者として位置づけ直すことが必要であるが、未だその段階に至っていないという見立てである。

5「さよなら」を伝える時間の猶予を保障する

突然「さよなら」も伝えずそこから立ち去ってしまった不在者たち。災害には到底納得のいかない人々がいる。先ほどの語りべの匡美さんは実家玄関の柱や壁にこのように書きつけたという。

「お母さん　お父さん　もう一度だけでいい　会いたいです。匡美　さびしいです。苦しいです。辛いです」。

たとえ第三者的立場から亡くなったことを伝えられたとしても、それは何の意味ももたない。つまり、客観的な死の通知は当事者の意味の変容を、なにひとつもたらさない。生物学的な死（脳死や心停止）とそれとは異なる感知が本人の気持ちのなかにあることは、たとえ肉親を亡くしたことがない学生でも先に示した通りである。私たちはいままでとは違う宗教観をもち始めているのではないかと強く思う。その思いをくっきりさせるためにひとつの小説を紹介したい。

『送りの夏』という三崎亜紀の短編小説がある（三崎 2005）。麻美という少女の母晴美が突然失踪してしまうのだが、探しているうちに男の影がちらつく。子供にわからない大人の事情というやつである。手帳から探り出した手掛かりをもとに無鉄砲な子供の勢いで小さな海沿いの小さい町にやってくる。そこで母に会い直樹という男性を紹介されるが、直樹は車椅子に乗っていて、声をかけるが身動き一つしない。

彼女が訪れた若草荘で出会う人々のなかには、それぞれまるで「死体」のように動かない人がいる。海里くんの両親は、「海里、よかったな、お姉ちゃんが出来て。遊んでもらえるぞ」と声をかけるが、海里くんは精巧に作られた人形のように身じろぎ一つすることはない。夕飯時も、当然とばかりにお皿をきっちり10枚、動かない彼らの分も含めて全員分用意されるが、手をつけられることはない。彼らが動かない以外はいたって普通の生活がそこにはある。

ある日、家族から「明日は……、うちの海里を、お願いできますか？」という形で〝終の送り火〟が決まる。満月の夜に、波打ち際に下ろされた舟に海里君が乗せられ、彼の周りに、果物やおもちゃ、読み聞かせをした本が並べられ、舟が両親の手によって出航される。舟は、静かな波に揺られゆっくりと沖に遠ざかっていくが、別れのときを躊躇するかのように波の起伏とともに行っては戻るを繰り返す。やがて、風に吹かれた舟は、徐々に離れていった。

フィクションであるが、この小説には今回の震災をとらえる際の重要なモチーフが込められている。死者が亡くなっているのは誰しもわかっている。しかし、あたかも生きているかのようにふるまい、そして自分たちが〝納得いく〟形で死者を送り出す物語なのである。

制度的な宗教儀礼とは対極にある。小説の中では肉体的な消滅に合わせて死者を送り出すのではなく、ある程度この世にとどまったうえで、時間的猶予を措いて死を受け入れるプロセスを重視する。もちろん、これは肉体が死後腐らないという前提である。震災の現場で出会った人はこれに近い感覚にある。

死者が死んで過去の存在となり、過去形や過去完了形で語られるのではなく、〝現在進行形〟であたかも生きているかのようにふるまう人びとは、本来は存在しないもの、すなわち霊性を立ち上がらせる。疑似喪失体験という紙を破る行為でしかないことにも、人は納得のいかない死をいかに受け入れがたいのかを「物語（エスノグラフィカル）」っているといえよう。エスノグラフィは、他人事を私事《わたくしごと》化でき、リアルなものとして立ち上げることができる。そのような「当事者」の行動や考え方と、それとは全く関係のない「よそ者」の行動や考え方、双方を一緒の土台にあげて架橋する試みとして、アクティブ・エスノグラフィの意義がある[4]。

注

1　17年度から新たに携帯アプリを用いて、即応的にアンケートの回答からクロス集計などをとってスライドに映せるようになった。

2　どこからが「人間」なのかを考えさせるために、ヤノマミをヒントにして考えてもらった。アマゾンの先住民であるヤノマミ族では、嬰児の精霊返しが一万年にもわたって行われている。人間として迎えられなかった嬰児は、シロアリの塚に捧げ焼却され、天に召される。そしてここで重要なことは、嬰児である赤子が精霊となるか「人間」となるかは母親が決定する点である。男性はふだん通りハンモックで寝ていて一切誕生には関与せず、女性たちは森に出かけて母親がお産をし、人間として村に迎えるか、天に召すかを周りの女性たちと相談せず、母親自身がたった一人で決める。

『ヤノマミ』を著した国分拓は、45時間眠らず、痛みで泣き続けた末に子供を産み落とした女性に密着取材し、よく頑張ったと心から感動して涙を流す。だが、それはすぐに、彼のもつ文化的尺度で推し量った勝手な思い込みにすぎないことを知る。

女性に呼ばれてから1分後、彼女の傍らに女の子の赤子が転がっていた。手足をばたつかせていたが、母親が来て、産まれたばかりの子どもをうつぶせにした。子どもの背中に足を乗せ、ほとんど表情を変えないまま黒い瞳を子どもの方に向け、両手で首を絞め始めた（国分 2010: 217-218）。

確認されているだけで、毎年20人以上の赤子が誕生するが、実に半数以上は首を絞められた後シロアリの塚に入れられ精霊として天に返される。つまり、生存確率は半分なのである。ここからは私の推測になる。妙に疑似喪失体験の結果にダブってみえるのは、ヤノマミの場合、明らかに母親が赤子の生死を分ける決定権を持っていることである。男性である父親は文字通り蚊帳の外である。疑似喪失体験で表れてきた数値は、大切なものの思いの裏に、「母親によって命を授けられた（＝母親に殺されるかもしれない）」という不安の深層心理があるのかもしれないと考えるようになった。そしてヤノマミの社会は一万年も前と基本的に社会システムが変わっていないことを考えると、今回授業で明らかになった母親を残すという優位性は、深層の基本構造と親和的であっても何もおかしくはないといえる。

3　宗教学者の佐々木宏幹は東北地方の幽霊が安定化し、人びとを惑わすことがないようになるためにも、(1)不安定で迷っている死者たち、ねたみや恨みの感情を抱いている祟る死者、障る死者、成仏・往生できずに苦しんでいる死者から、(2)落ち着いて安定している死者たち、安らかな死者、成仏した死者、子孫を見守り援護する先祖、へと変化（ヘンゲ）することが求められ、その媒介を宗教が果たすべきであると結論づけている（佐々木 2012）。

4　本文に目を通してもしご興味があれば次のアドレスまでご連絡ください。「疑似喪失体験」プログラムを読者の地元で開催する活動もしています。E-mail : soms9005@yahoo.co.jp

参考文献

ポーリン・ボス 南山浩二訳 2005『「さよなら」のない別れ　別れのない「さようなら」―あいまいな喪失』学文社

金菱清 2016「共感の反作用―被災者の社会的孤立と平等の死」東北学院大学震災の記録プロジェクト・金菱清（ゼミナール）編『呼び覚まされる 霊性の震災学――3・11生と死のはざまで』新曜社：85-100.
国分拓 2010『ヤノマミ』NHK出版
三崎亜紀 2005「送りの夏」『バスジャック』集英社：139-228.
佐々木宏幹 2012「東日本大震災は何を変容させたのか」『生活仏教の民族誌――誰が死者を鎮め、生者を安心させるのか』春秋社：204-247.

付記　本章は論文「最後に握りしめた一枚をめぐるアクティブ・エスノグラフィ」（『現代思想』2017年11月号）をもとに稿を改め、次の方々に写真撮影・提供と協力をいただいた。記して感謝します。
写真提供　髙橋匡美　151、153頁
髙橋健太郎　143、147頁
佐藤飛文（明治学院東村山高校）　167頁
福島東稜高校　150、154頁
東北学院大学　159頁

あとがき

東北学院大学　震災の記録プロジェクト
金菱　清（ゼミナール）
赤間 由佳　吉成 勇樹　岩松 大貴
石橋 孝郁　佐藤 千里　村上 寛剛
齊藤 春貴　（執筆順）

編者から今回の震災本プロジェクトの提案があったのは、ゼミが発足する前の2015年初冬のことである。当時のゼミ生が綿密な調査によって金菱清編『呼び覚まされる　霊性の震災学』（新曜社）を出版したが、執筆者の一人である工藤優花さんのタクシードライバーが幽霊に遭遇したという特異な調査が新聞やネットニュースなどで多くの注目を浴びていた。賛否両論も含め多くの意見・感想を得られたことから、「震災死」から明らかにできる被災者の心情が多いのではないかと、引き続き「震災死」をテーマに出版プロジェクトに着手しようとの提案があった。「震災死」を扱うことに対する苦労は先輩方からすでに聞いており、不安を覚えつつもゼミで何かをやり遂げたいという気持ちからこのプロジェクトが進んでいった。

しかしプロジェクトは私たちが思っていた以上に難航した。このプロジェクトは書籍として出版すると同時にゼミ生各々の卒論のテーマを見つけて完成させるという目的もある。当初は工藤さんの論考が注目を浴びたことを踏まえて、私たちは「被災地に現れる霊的現象」を軸に調査を始めるように指示を与えられ調査が始まった。ゼミ生二人一組となりそれぞれ被災地の調査に向かうことになった。けれども聞き取り調査に応じていただける方々のあてがあるわけでもなく、市役所やお寺など公的機関に「震災当時の状況を聞かせていただけませんか」という名目で話を聞きに行くことから始めた。霊的現象の話を切り出すのは難しく、実際に話を聞けたとしても、とらえどころのない断片的な返答のみで、これといった成果が得られずにプロジェクトが数カ月進んでいった。

このままでは調査を重ねても無駄に終わるのではないかと不安になっていた。悶々としている中で私たちが調査の経緯を話した時に、ある方にこう言われたことがあった。「被災地が抱える問題は多い。君らのような活動はこれからの人達に伝えていくためにもとても大事なことだと思う」。その言葉で心が軽くなった気がした。そしてそれは調査を続けていく上での大きな原動力となった。

震災と死生観というデリケートな問題は、本来学生が調査するには難しすぎるのかもしれない。けれど震災は決して忘れてはいけないことである。再び大きな災害が襲った時に備えて伝えていく必要がある。それを形として残し、継承していくのは私たち若い世代の務めなのではないだろうか。

そのような思いで調査をしていて見えてきたことがあった。震災で受けた悲しみを緩和する手法として、多種多様なツールが用いられていることである。震災によって「なにか」を失ったことは共通であっても、それをどう受けとるかは被災した人によって千差万別であった。そういったあらゆる悩みを対象にして地域に根づいたのが、文化であり、物であり、場所であり、人であった。生活に溶け込み一見特別な効果がないようにみえる癒しの媒体がいわば霊性として、震災においては大きく作用したのであった。私たちはそこに注目していき、被災者遺族の方々のご協力のもと、各々のテーマを見つけることができた。

一般の考えでは、癒しの媒体や霊性がどのように作用したのかは理解しづらいため、私たちは論考を書くにあたり「なぜ・どのようにして作用したのか」を注意して書き上げていった。私たちの論考が震災の復興の一助となれることを願う。

本書の執筆にあたって数え切れない多くの方々の協力を得た。調査や執筆にあたって東北学院大学大学院生の庄司貴俊さんと小田島武道さんに助けていただいた。

二〇一八年三月

執筆者紹介

東北学院大学　震災の記録プロジェクト（金菱清ゼミナール）

赤間由佳（あかま・ゆか）　第1章

吉成勇樹（よしなり・ゆうき）　第2章

岩松大貴（いわまつ・ひろき）　第3章

石橋孝郁（いしばし・たかふみ）　第4章

佐藤千里（さとう・ちさと）　第5章

村上寛剛（むらかみ・ひろたけ）　第6章

齊藤春貴（さいとう・はるき）　第7章

編者紹介

金菱　清（かねびし・きよし）　**まえがき・第8章**

1975年　大阪府生まれ

関西学院大学大学院社会学研究科博士後期課程単位取得退学　社会学博士

現在　東北学院大学教養学部地域構想学科教授

専攻　環境社会学・災害社会学

主著『生きられた法の社会学― 伊丹空港「不法占拠」はなぜ補償されたのか』新曜社2008年（第8回日本社会学会奨励賞著書の部）；『3.11慟哭の記録―71人が体感した大津波・原発・巨大地震』（編著）新曜社2012年（第9回出版梓会新聞社学芸文化賞）；『千年災禍の海辺学―なぜそれでも人は海で暮らすのか』（編著）生活書院2013年；『新体感する社会学― Oh! My Sociology』新曜社2014年；『震災メメントモリ― 第二の津波に抗して』新曜社2014年；『反福祉論―新時代のセーフティーネットを求めて』（共著）ちくま新書2014年；『呼び覚まされる 霊性の震災学―3.11 生と死のはざまで』（編著）新曜社2016年；『震災学入門―死生観からの社会構想』ちくま新書2016年；『悲愛―あの日のあなたへ手紙をつづる』（編著）新曜社2017年；『私の夢まで、会いに来てくれた―3.11 亡き人とのそれから』（編著）朝日新聞出版2018年

3. 11 霊性に抱かれて

魂といのちの生かされ方

初版第1刷発行　2018年4月11日

編　者　東北学院大学 震災の記録プロジェクト
　　　　金菱　清（ゼミナール）

発行者　塩浦　暲

発行所　株式会社　新曜社

101-0051　東京都千代田区神田神保町3-9

電話 03(3264)4973(代)・FAX 03(3239)2958

E-mail：info@shin-yo-sha.co.jp

URL：http://www.shin-yo-sha.co.jp/

印刷　長野印刷商工（株）

製本　イマヰ製本

ISBN978-4-7885-1572-7 C1036